# 作文の授業

「書けない」から卒業する

花まる学習会
著 坂田翔
監修 高濱正伸

実務教育出版

# はじめに

## 大人の皆さんへ

花まる学習会　坂田　翔

### 皆さん、大丈夫です

　小学生を育てる保護者の方々と話しながら、よくご相談いただくのが「作文」について。本書を手に取ってくださった方も、少なからず、すっきりしない思いがおありかと推察します。

　さて、その相談というのも、実は「相談」の形ではなく、「あんなので大丈夫なんでしょうか」という「叫び」としていただくことがほとんどです。


「うちの子、いつまで経っても短い作文しか書けないんです」

「うちの子、もう3年生なのに全然語彙がないんです」

「作文になると、習った漢字をサボって使わないんです」

「正しくない文法を連発するんですが、うちの子、大丈夫でしょうか……？」

「他の子の立派な作文を読んで、びっくりしました。下の学年の子ですらあれだけうまく書いているのに、うちの子は……」


　お気持ち、わかります。それほど、作文というものをめぐっては伸ばし方の軸や捉え方の尺度が世間で確立されておらず、親を不安にさせるものなのだと痛感しています。

そこで、本書では「作文を通じて何を伸ばすのか」「子どもの作文をどう読めば良いのか」という大人に向けた内容と、「こんなふうに考えたらいいんだ！」「こんなに自由でいいんだ！」と思えるような子どもへのメッセージを編み込み、一本の太い軸を作れるようにまとめました。

作文を通じて子どもたちの力を伸ばすには、大人の意識を整えることがとても重要なのですが、世にある作文指導の情報の多くは「こうすれば（それらしいものが）書ける」というメソッド的なもので、大人のあり方には触れられていません。

大人も子どもも、まず安心して作文と向き合えるように言葉を紡ぎましたので、ぜひ親子で読んでくだされば と思います。

とはいえ、初めにはっきり言っておくことが、一番安心していただけると思いますので、ひと言。皆さん、大丈夫ですよ。

子どもの書く力はじっくり伸びるものです。小学生で語彙が爆発的に増え始めるのは4年生前後です。言語経験が増えればある程度自然に文法のエラーは減ってきます。「立派かどうか」という大人の尺度は、本書を読むなかで融解していきます。

ご不安の方もどうか焦らず、ここから一緒に始めましょう。すでにわが子の作文の魅力に気づいている方は、一緒に深めましょう。

本書を読み終えたあと、わが子の作文を読むのが、もっと楽しみになりますように。

## 作文を書く意味と、親の役割

ずばり、作文を書く意味は「自分の心を見つめること」です。

自分はどういったときに、何を感じるのか。それと向き合い続けた子は、心にしたがった自己決定ができる人に育ちます。そういった力を伸ばす最高の素材が、作文なのです。

早くから「論理的で正しい文法の文章が書けること」を目的にするのは、一生モノの大切な力を伸ばすせっかくの機会を「大人になってからいくらでもできるような言語トレーニング」として消費しているようなものでしょう。

就学前にかけ算やわり算が解けなくてもいいのと一緒です。地頭と素直な心が育った子は、それを習う時期に自然に習得するものです。

作文を通じて子どもの力を伸ばし続けるためには、大人側がこの理解を持つことが大切です。特に、家庭に求められることは実は大きい。子どもたちの「作文」は、大人の評価や価値観に影響されやすいものですから、「書いた結果いい気持ちになって、次も書きたいといきいきするか」は、大人のひと言にかかっているのです。

かわいいわが子の作文だから、本当は愛おしくてたまらないはずなのに、つい助言のつもりで「余計な口出し」をしてしまう。小学1年生に対して「文法が……」なんて言ってしまうのは、まさに大人の価値観で語ってしまっている例です。

それよりも大切なのは、子どもが言葉で何かを表現したときに、一人の大人としてあなたの感性を働かせることです。

わが子が初めて書いてくれた手紙を読んだときの気持ちが、その理想的なモデルです。

そこには、読み手としての純粋な感性があるはずです。慣れない線でなんとか形作ったかわいい文字に、拙い言葉。それでも、心が揺さぶられるのが子どもの手紙です。

子どもが日頃書く作文だって、それと同じでいいのです。

「自分の心を見つめる」という目的を理解して、感性を働かせ、子どもの作文を愛おしく想い、その想いのままに子どもに感想を伝えること。

親をはじめとした周りの大人がその役割をまっとうしたとき、子どもの書く力は伸びていくのです。

## 書く力とは

「書く力」の定義は人や場面によってさまざまです。

情報を他者に伝えるならば論理性や正しい文法は大事です。企業人としてメールを打つなら、会社の名前を背負って「それらしい文章」を書くことも必要かもしれません。一般的な小説を書くにはある程度の長さが求められますし、ラブレターならまっすぐな言葉でドキドキさせたいですよね。

このようなさまざまな要素を、「書く力」や「文章力」なんていう言葉にまとめて背負わせて、子どもに対して最初からそれがすべて必要かのように伝えると、作文指導はうまくいかなくなります。

ですから、少なくとも小学生の作文については、認識の区切りをつけましょう。

私からは「自分らしく書ける力」を最重要項目にするのを強くおすすめします。借り物の言葉でない、テンプレートでない、自分のなかから出てきたもので表現できる子は、例外なくあらゆる力が伸びていきます。人が言語で思考する生き物である限り、この実態は変わらないでしょう。

そしてそれを伸ばすために必要なのが、前述の「大人の感性」です。

子どもの作文に対しての「大人の助言」は、「もっとちゃんとした言葉で書きなさい」「もっと長く書きなさい」「もっと漢字を使いなさい」「他の子は立派な作文を書くのに」など、感性を働かせていないものになりがちです。

これはすべて、「一般的な評価のもらえる人」に近づけようとする言葉ですから、大人からひと言目にこれらが出るような環境では、自分らしく書く力は伸びません。

そうなってしまうのは、誰のせいでもなく、きっと作文体験をめぐる構造のせいでしょう。子どもたちは主に学校などで「何か特定のものの感想文」を書くことが多いと思いますが、ここには大人の意図が介入しがちです。

たとえば、社会見学ならば、

「その機会の価値を最大に語らなければいけない気がする」

「協力してくださった方への感謝を書かなければいけない気がする」

「見聞きしたものを網羅しなければいけない気がする」

といった具合で、なんとなく既定路線が見えてしまうのです。結果、プログラムを見返しながら体験した順番にあらすじを書き、学んだことを付け加え、

「楽しかったです」

「また行きたいです」

「これからも学んでいきたいです」

「これからは◯◯を意識していきたいです」

とまとめて終わる。大人はそれの「達成度」を評価してしまう。

子どもたちは、「作文を書くよ〜」と言われているのに、実は「肯定的な報告書」を書かされているというのもよくある構造です。

本書では、特別に設けられた作文の機会ではなく自由作文を想定しています。花まる学習会で毎週書く子どもたちの普段の作文を題材に、書き手の子どもと読み手の大人、両方が理解したい作文のポイントを解説します。

## 「評価」ではなく「味わう」

日頃の自由な作文は、誰かの評価のために書くのではありません。それはコンテストや商業的な文章ですればよいことであって、子どもたちが急に立たされるべき舞台ではありません。読み手としての大人の仕事は、作文への評価ではないのです。

私たち大人がすることは、その作文をわくわくしながら受け取り、彼らがどんな気持ちで書いたのかに想いを馳《は》せながら読み、その子の人生ごと認めるつもりでその作文を味わうことです。

ひとつ、作文を書き始めたばかりの1年生男子の作品を紹介します。味わってみましょう。

「きょう。えをかいてたら。かっこよかったんだけど。なんか。うなぎみたいで。なっとくしなかった。」

どうでしょう。この作品の魅力は感じられましたか？

かわいくて、おもしろくて、つい笑ってしまったという人は、読み手としてハナマルです。

反対に、

「まず何の絵を描こうとしていたかを説明しましょう」

「『なんか』は口語的な表現なので、他の言葉にしましょう」

「イメージができるようにもう少し詳しく書きましょう」

などとコメントをして、一つひとつの句点に×を付け、真っ赤に添削して突き返してしまえば、どうでしょう。彼を伸ばすことになるでしょうか。

せっかくここまで型破りに書いたのです。そこをおもしろがりましょう。

実際、私はこの子の人柄を知っていますから、この名作を読んだときはおもしろくて笑い転げてしまいました。自分なりの美意識が強くあって、大人びた雰囲気とシュールな空気を行き来するような、そんな魅力的な子です。その子がこれを書くことに、妙にしっくり来たのです。

だからこれは「現時点での作風」であり、彼の人生においてはごく自然に生み出された作品だと、そう思えました。

彼は、私に笑って欲しかったでしょう。ただ私は別に彼の要望を迎えに行くつもりで笑ったのではありません。彼の作品に、そうさせるだけのおもしろみがあったということです。

ドンと構えてくれる大人のそばで、子どもたちは自信をつけていきます。予期せぬ作品が手元に来たときに、「大丈夫かしら、この子だけじゃないかしら」と焦らず、おもしろがる心を持ちましょう。「オレが書いた作文、いっつも笑顔で受け取ってくれるんだよ〜」というだけで、子どもは自分からのびのびと書けるのです。

本編の各回は、子どもたちの実際の作文を味わうページから始まります。大人の皆さまには、率先して「おもしろさ」を見つけていただければと思います。大人が目の前のことを楽しむ姿勢を見せれば、子どもはついてきます。

合言葉は「評価ではなく、味わう」ですよ。

大人の皆さんへ

この本には、表面的な「作文メソッド」ではなく、
子どもたちの人生に想いを馳せたひとすじの哲学を書きました。
大人にも子どもにも、大切なことが薄まらずに伝わるよう、
低学年の子には少し難しい言葉も使っています。

子どもたちと一緒に読みながら説明していただいたり、
子どもたちが自分で意味を調べながら言葉の世界を広げたり、
そういう機会にも価値があると思い構成しました。

この本が、唯一の正解がない世界を自分らしく満喫できるような、
そんなきっかけになればと、心より願っています。

坂田翔

自身を丸ごと認めること」と同じです。

## 心の伸びも、書く力の伸びも変わります。

作品を認めて、おもしろがると……

### 自分らしくどんどん伸びる！

よくこんなことに
気づいたね〜

この表現いいね！

また読みたいなあ

これを作文に
書こうと思ったの
あなたらしくて
すてきだね〜

お母さんここ好き
だな〜

あなたらしい
言い回しだね！

「読んで欲しいな＝書くのって楽しいな！」

「子どもの作文を認めること」は、「その子

## それを読む大人の感性によって、

作品を認めず、押さえつけると……

## 自信をなくして　伸び悩む……

なんでこんなこと書くの！
もっと漢字を使いなさい！
ふ〜ん（無関心）
もっと長く書きなさい！
他の子は立派なのに……
書き直しなさい！

「読まれたくないな＝書きたくないな、苦手だな」

# 子《こ》どもたちへ

この本《ほん》は、子《こ》どもたちと大人《おとな》たち、両方《りょうほう》に向《む》けて書《か》いた本《ほん》です。
だからこそ、この一冊《いっさつ》に「大人《おとな》になっても大切《たいせつ》なこと」をこめました。

作文《さくぶん》を本当《ほんとう》の意味《いみ》で「自由《じゆう》」に書《か》ける人《ひと》は、
人生《じんせい》を自分《じぶん》らしく生《い》きられる人《ひと》です。

今《いま》はまだ「作文《さくぶん》はニガテ」「作文《さくぶん》はいやだ」と思《おも》っている人《ひと》も、大丈夫《だいじょうぶ》。
それはキミがいくつかの「思《おも》いこみ」をしているだけ。

世《よ》の中《なか》には、いろんなところに いろんなルールがあって、
それぞれちがうから、
この本《ほん》では あえて「ルール」については触《ふ》れません。
書《か》いてあるのは、もっと おもしろい、あらゆる場面《ばめん》で大切《たいせつ》なこと。
大人《おとな》っぽい言葉《ことば》では それを「本質《ほんしつ》」といいます。
どうか、この本《ほん》を読《よ》むキミたちが、
自分《じぶん》の人生《じんせい》を自分《じぶん》の言葉《ことば》できりひらいていける人《ひと》になれますように。

坂田《さかた》 翔《しょう》

# 本編は、１テーマ４ページで構成しています。

子どもが書いた実際の作文を鑑賞しながら、作文の本質を学んでいくページです。

「この作文のすてきなところ」については、大人の方にも特に読んでいただきたい部分です。子どもの作文の力を伸ばすための大きな関数は周りの大人の感性ですから、ぜひ一緒に鑑賞しながら、感性を整える機会にしていただければと思います。

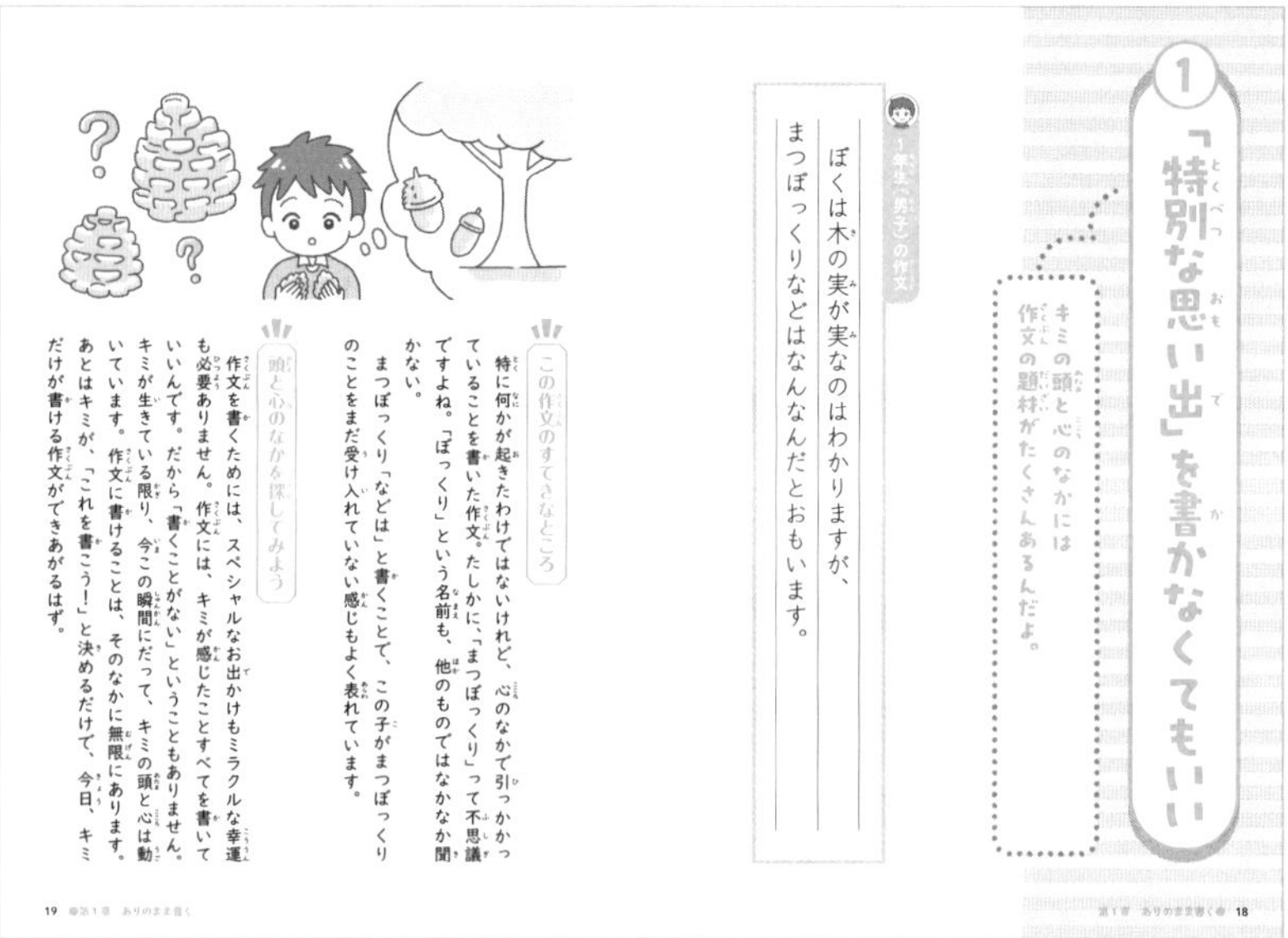

# 1 「特別《とくべつ》な思《おも》い出《で》」を書《か》かなくてもいい

キミの頭と心のなかには作文の題材がたくさんあるんだよ。

1年生（男子）の作文

ぼくは木の実が実なのはわかりますが、まつぼっくりなどはなんなんだとおもいます。

この作文のすてきなところ

特に何かが起きたわけではないけれど、心のなかで引っかかっていることを書いた作文。たしかに、「まつぼっくり」って不思議ですよね。「ぼっくり」という名前も、他のものではなかなか聞かない。

まつぼっくり「などは」と書くことで、この子がまつぼっくりのことをまだ受け入れていない感じもよく表れています。

頭と心のなかを探してみよう

作文を書くためには、スペシャルなお出かけもミラクルな幸運も必要ありません。作文には、キミが感じたことすべてを書いていいんです。だから「書くことがない」ということもありません。キミが生きている限り、今この瞬間にだって、キミの頭と心は動いています。作文に書けることは、そのなかに無限にあります。あとはキミが、「これを書こう！」と決めるだけで、今日、キミだけが書ける作文ができあがるはず。

第１章 ありのまま書く 18

19 第１章 ありのまま書く

キャラクターたちの会話や、テーマに沿ったワーク、作文書きなどを通じて、前ページでの学びを体感的に深めるページです。子どもがここに書きこんだものにどう大人がコメントするかが勝負どころです。

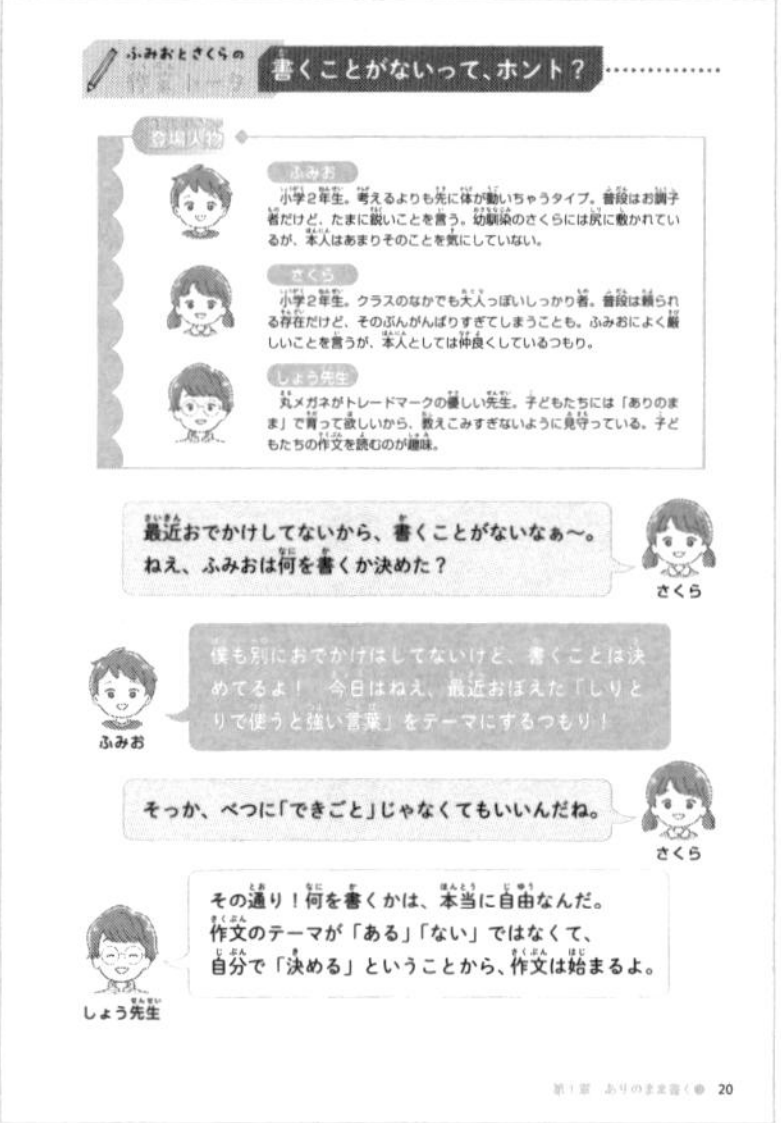

ふみおとさくらの作文トーク

書くことがないって、ホント？

登場人物

ふみお

小学2年生。考えるよりも先に体が動いちゃうタイプ。普段はお調子者だけど、たまに鋭いことを言う。幼馴染のさくらには尻に敷かれているが、本人はあまりそのことを気にしていない。

さくら

小学2年生。クラスのなかでも大人っぽいしっかり者。普段は頼られる存在だけど、そのぶんがんばりすぎてしまうことも。ふみおによく厳しいことを言うが、本人としては仲良くしているつもり。

しょう先生

丸メガネがトレードマークの優しい先生。子どもたちには「ありのまま」で育って欲しいから、教えこみすぎないように見守っている。子どもたちの作文を読むのが趣味。

さくら：最近おでかけしてないから、書くことがないなぁ〜。ねえ、ふみおは何を書くか決めた？

ふみお：僕も別におでかけはしてないけど、書くことは決めてるよ！　今日はねえ、最近おぼえた「しりとりで使うと強い言葉」をテーマにするつもり！

さくら：そっか、べつに「できごと」じゃなくてもいいんだね。

しょう先生：その通り！何を書くかは、本当に自由なんだ。作文のテーマが「ある」「ない」ではなくて、自分で「決める」ということから、作文は始まるよ。

第１章 ありのまま書く 20

おうちのかたへ

作文と自己決定

「書くことがない」と言葉にする子と接していると、「まだ自由が苦手なのだな」と感じることがあります。そういう子は、なんでも書いてよいと解放されるとかえって不安で、「こういうことを書きましょう」と制限されたほうが気持ちが楽なようです。その結果、わかりやすい「お出かけなどのできごと」を書こうとします。

作文を書くうえで最も壁になることは、文法でも語彙でも、漢字でもありません。何を書くか自分で決める「自己決定」です。

たとえば広い草原、きれいな水が流れる川、そういうところに行ったときに「私は生き物を探すぞ！」「僕は石を運んでダムを作るぞ！」と、やりたいように遊ぶこと。これも自己決定です。せっかく人工物のない大自然に囲まれて、「何をしたらいいですか」と聞いてしまうようなことと、「書くことがない」という主張は似ています。根本に、自己肯定感が育っていないのです。

自分は何を書いたって認められる。私が選んだテーマをきっと親は、先生は、笑顔で楽しむだろう。そういう「大切に愛されている実感」があれば、子どもたちは自然に書きたいことを書き始めます。

大人の役割は、彼らの作品を大切にすること。それはつまり、彼らの人格と人生そのものを大切にすることです。

21 第１章 ありのまま書く

大人向けのページです。教室での事例を交えた、リアルな子育て読みものです。子どもたちがどうやって伸びていくのかをこのページで知り、大人の心の準備をしましょう。

# 子《こ》どもと大人《おとな》　両方《りょうほう》のための
# ワークと作文《さくぶん》ページのおやくそく

## ❖いつやってもいい

作文《さくぶん》は、自分《じぶん》の心《こころ》と向《む》き合《あ》うもの。あとで取《と》り組《く》んだほうが自分《じぶん》のためになりそうだったら、やらずに読《よ》み進《すす》めてかまいません。「やりなさい」と言《い》われてやるものは、つまらないからです。

## ❖大人《おとな》に質問《しつもん》してもいい

わからないときや迷《まよ》ったときは、もちろん質問《しつもん》してかまいません。ワークの問《と》いの内容《ないよう》をそのまま大人《おとな》に聞《き》いてみてもいいでしょう。人《ひと》と話《はな》すことを通《つう》じて、言葉《ことば》や感性《かんせい》の世界《せかい》が広《ひろ》がるかもしれません。

## ❖子《こ》どもだけでなく、大人《おとな》がやってもいい

自分《じぶん》の心《こころ》と向《む》き合《あ》うことは、子《こ》どもと大人《おとな》、両方《りょうほう》にとって大切《たいせつ》なことです。大人《おとな》が別《べつ》の紙《かみ》を用意《ようい》して取《と》り組《く》んだあと、子《こ》どもが書《か》いたものと交換《こうかん》して、読《よ》み合《あ》うのも楽《たの》しいでしょう。

## ❖作品《さくひん》を大切《たいせつ》にする／勝手《かって》に評価《ひょうか》しない

せっかく自分《じぶん》の心《こころ》のままに、自分《じぶん》の言葉《ことば》で書《か》いたものを、誰《だれ》かに否定《ひてい》されるのは悲《かな》しいことです。

ものごとを「うまい」「へた」だとか「正解《せいかい》」「不正解《ふせいかい》」でしか語《かた》れないのも、悲《かな》しいことです。

自分《じぶん》が書《か》いたもの、他《ほか》の人《ひと》が書《か》いたもの。子《こ》どもが書《か》いたもの、大人《おとな》が書《か》いたもの。すべてが大切《たいせつ》な作品《さくひん》です。

# 目次《もくじ》

## 花《はな》まる学習会《がくしゅうかい》「書《か》けない」から卒業《そつぎょう》する作文《さくぶん》の授業《じゅぎょう》

# 第《だい》1章《しょう》

# ありのまま書《か》く

1 「特別《とくべつ》な思《おも》い出《で》」を書《か》かなくてもいい
2 長《なが》く書《か》かなくてもいい
3 「まとめ」を書《か》かなくてもいい
4 自分《じぶん》をかざらなくてもいい
5 「見通《みとお》し」がなくてもいい
6 「いいこと」を書《か》かなくてもいい

# 1 「特別《とくべつ》な思《おも》い出《で》」を書《か》かなくてもいい

キミの頭《あたま》と心《こころ》のなかには
作文《さくぶん》の題材《だいざい》がたくさんあるんだよ。

1年生《ねんせい》（男子《だんし》）の作文《さくぶん》

ぼくは木《き》の実《み》が実《み》なのはわかりますが、
まつぼっくりなどはなんなんだとおもいます。

## この作文《さくぶん》のすてきなところ

特《とく》に何《なに》かが起《お》きたわけではないけれど、心《こころ》のなかで引《ひ》っかかっていることを書《か》いた作文《さくぶん》。たしかに、「まつぼっくり」って不思議《ふしぎ》ですよね。「ぼっくり」という名前《なまえ》も、他《ほか》のものではなかなか聞《き》かない。

まつぼっくり「などは」と書《か》くことで、この子《こ》がまつぼっくりのことをまだ受《う》け入《い》れていない感《かん》じもよく表《あらわ》れています。

## 頭《あたま》と心《こころ》のなかを探《さが》してみよう

作文《さくぶん》を書《か》くためには、スペシャルなお出《で》かけもミラクルな幸運《こううん》も必要《ひつよう》ありません。作文《さくぶん》には、キミが感《かん》じたことすべてを書《か》いていいんです。だから「書《か》くことがない」ということもありません。

キミが生《い》きている限《かぎ》り、今《いま》この瞬間《しゅんかん》にだって、キミの頭《あたま》と心《こころ》は動《うご》いています。作文《さくぶん》に書《か》けることは、そのなかに無限《むげん》にあります。

あとはキミが、「これを書《か》こう！」と決《き》めるだけで、今日《きょう》、キミだけが書《か》ける作文《さくぶん》ができあがるはず。

ふみおとさくらの 作文《さくぶん》トーク

# 書《か》くことがないって、ホント？

## 登場人物《とうじょうじんぶつ》

### ふみお

小学《しょうがく》2年生《ねんせい》。考《かんが》えるよりも先《さき》に体《からだ》が動《うご》いちゃうタイプ。普段《ふだん》はお調子《ちょうし》者《もの》だけど、たまに鋭《するど》いことを言《い》う。幼馴染《おさななじみ》のさくらには尻《しり》に敷《し》かれているが、本人《ほんにん》はあまりそのことを気《き》にしていない。

### さくら

小学《しょうがく》2年生《ねんせい》。クラスのなかでも大人《おとな》っぽいしっかり者《もの》。普段《ふだん》は頼《たよ》られる存在《そんざい》だけど、そのぶんがんばりすぎてしまうことも。ふみおによく厳《きび》しいことを言《い》うが、本人《ほんにん》としては仲良《なかよ》くしているつもり。

### しょう先生《せんせい》

丸《まる》メガネがトレードマークの優《やさ》しい先生《せんせい》。子《こ》どもたちには「ありのまま」で育《そだ》って欲《ほ》しいから、教《おし》えこみすぎないように見守《みまも》っている。子《こ》どもたちの作文《さくぶん》を読《よ》むのが趣味《しゅみ》。

**最近《さいきん》おでかけしてないから、書《か》くことがないなぁ～。ねえ、ふみおは何《なに》を書《か》くか決めた？**

さくら

**僕《ぼく》も別《べつ》におでかけはしてないけど、書《か》くことは決《き》めてるよ！　今日《きょう》はねえ、最近《さいきん》おぼえた「しりとりで使《つか》うと強《つよ》い言葉《ことば》」をテーマにするつもり！**

ふみお

**そっか、べつに「できごと」じゃなくてもいいんだね。**

さくら

**その通《とお》り！何《なに》を書《か》くかは、本当《ほんとう》に自由《じゆう》なんだ。作文《さくぶん》のテーマが「ある」「ない」ではなくて、自分《じぶん》で「決《き》める」ということから、作文《さくぶん》は始《はじ》まるよ。**

しょう先生《せんせい》

## 作文と自己決定

「書くことがない」と言葉にする子と接していると、「まだ自由が苦手なのだな」と感じることがあります。そういう子は、なんでも書いてよいと解放されるとかえって不安で、「こういうことを書きましょう」と制限されたほうが気持ちが楽なようです。その結果、わかりやすい「お出かけなどのできごと」を書こうとします。

作文を書くうえで最も壁になることとは、文法でも語彙でも、漢字でもありません。何を書くか自分で決める「自己決定」です。

たとえば広い草原、きれいな水が流れる川、そういうところに行ったときに「私は生き物を探すぞ!」「僕は石を運んでダムを作るぞ!」と、やりたいように遊ぶこと。これも自己決定です。せっかく人工物のない大自然に囲まれて、「何をしたらいいですか」と聞いてしまうようなことと、「書くことがない」という主張は似ています。根本に、自己肯定感が育っていないのです。

自分は何を書いたって認められる。私が選んだテーマをきっと親は、先生は、笑顔で楽しむだろう。そういう「大切に愛されている実感」があれば、子どもたちは自然に書きたいことを書き始めます。

大人の役割は、彼らの作品を大切にすること。それはつまり、彼らの人格と人生そのものを大切にすることです。

## 2 長《なが》く書《か》かなくてもいい

想《おも》いを込《こ》めた一文《いちぶん》には、キミらしさがしっかり出《で》る。

1年生《ねんせい》（女子《じょし》）の作文《さくぶん》

きょうもおひさまはギラギラげんき、きょうもあついあつい
なつやすみ。

## この作文《さくぶん》のすてきなところ

夏《なつ》の暑《あつ》さを表現《ひょうげん》した作文《さくぶん》。この子《こ》は、その暑《あつ》さも少《すこ》し楽《たの》しんでいるみたい。「ギラギラげんき」に、前向《まえむ》きな感《かん》じが表《あらわ》れています。一文《いちぶん》のなかに「きょうも」を2回《かい》使《つか》ったり、「あついあつい」とくり返《かえ》したりすることで、暑《あつ》い日々《ひび》が続《つづ》く夏休《なつやす》み特有《とくゆう》の感覚《かんかく》が表現《ひょうげん》できているのもすばらしい。見事《みごと》な一文《いちぶん》です。そしてここで終《お》わっているからこそ、何《なに》かこれから起《お》きそうな、そんな予感《よかん》もしてきます。

## キミが書《か》きたいところまで書《か》こう

マス目《め》がびっしり詰《つ》まった作文用紙《さくぶんようし》を見《み》ると、「うわ〜、これを全部《ぜんぶ》うめなきゃいけないのか〜」と構《かま》えてしまいませんか？確《たし》かに文字数《もじすう》が決《き》まっている作文《さくぶん》もあるけれど、自由《じゆう》な作文《さくぶん》で大切《たいせつ》なのは「キミがどれくらい書《か》きたいか」ということ。短《みじか》い文章《ぶんしょう》で書《か》いたほうがいいと思《おも》ったら、それに素直《すなお》になろう。長《なが》く書《か》きたいと思《おも》ったら、書《か》き切《き》ってみよう。作文《さくぶん》の魅力《みりょく》は、長《なが》さではなく中身《なかみ》で決《き》まるんだよ。

# つぶやくように、短《みじか》い作文《さくぶん》を書《か》いてみよう

左《ひだり》の質問《しつもん》の答《こた》えを、声《こえ》に出《だ》してつぶやいてみよう。そして、それをそのまま書《か》いてみよう。おもしろい作文《さくぶん》になっちゃうかも。

おうちの人《ひと》に一《ひと》つだけ質問《しつもん》するなら、何《なに》を聞《き》きたい？

キミが校長先生《こうちょうせんせい》だったら、どんなことをしたい？

どんなことをして遊《あそ》ぶのが好《す》き？

タイムマシンがあったら、どんなことがしたい？

## 作文と自己決定

保護者の方から「うちの子、短い作文しか書けなくて……他の子を見ると焦るのですが、大丈夫なんでしょうか……」という相談を受けることがあります。結論をいうと「大丈夫」なのですが、その保護者の方の気持ちは痛いほどよくわかります。

こういったとき、大切な視点が二つあります。一つは「長いから良い」という話ではないこと。用紙を埋めるためになんとなく惰性の文を繋《つな》ぐ、それでは子どもは伸びません。すべての文が自分にとって意味があるものになり、すべての文に自分らしさが乗ったときにこそ、その子の力が伸びるのです。

もう一つは、「書きたい気持ちが溢《あふ》れたとき、子どもは自然と書き始める」ということです。教室で子どもたちを見ていると、そのときは「急に」やってくることがほとんど。詳しく書きたいものがあるとか、書いている途中で楽しくなってきちゃったとか、そういう「湧き上がるもの」によって起こる覚醒の瞬間が、その子のタイミングで訪れます。そのときに、「わあ！　大作を書いたんだねえ！」と喜びをわかちあえればいいのです。子どもの「もっと書きたい」という気持ちは、そうやって確かなものになっていきます。

一番気持ちの良い区切りを自分で見定める経験も、大切な学び。始まりも終わりも自分で決めたらいいのです。

# 3 「まとめ」を書《か》かなくてもいい

「楽《たの》しかったです」「またやりたいです」なんとなく書《か》くそんな「まとめ」より、キミの気持《きも》ちのこもったひと言《こと》のほうがステキだよ。

**3年生《ねんせい》（男子《だんし》）の作文《さくぶん》**

今日《きょう》はパパの誕生日《たんじょうび》です。なにをわたしたらいいかまよっていました。

1じかんかけてきまりました。花《はな》です。

## この作文《さくぶん》のすてきなところ

なんといっても、「花《はな》です。」で終《お》えたところがすばらしい。自《じ》分《ぶん》で考《かんが》えぬいて決《き》めたプレゼントに、自信《じしん》を持《も》っているのが表《あらわ》れているようです。

「決《き》まってよかったです」「あげるのが楽《たの》しみです」とまとめる作文《さくぶん》もよくあるけれど、「花《はな》です」のほうがインパクトがありますよね。

## 作文《さくぶん》の終《お》わり方《かた》はキミ次第《しだい》

「あれ、なんだか毎回同《まいかいおな》じ終《お》わり方《かた》で書《か》いてしまっているな……」と思《おも》ったことがある人《ひと》は、結構《けっこう》いるんじゃないでしょうか。「楽《たの》しかったです」「またやりたいです」というまとめは、全国《ぜんこく》の多《おお》くの小学生《しょうがくせい》が、昔《むかし》から書《か》いてきた言葉《ことば》。別《べつ》に悪《わる》くはないのだけど、キミの気持《きも》ちは、全国《ぜんこく》の子《こ》どもたちとまったく同《おな》じではないはず。

キミが感《かん》じたことは、キミにしか書《か》けない。作文《さくぶん》の終《お》わりには、キミが本当《ほんとう》に書《か》きたい言葉《ことば》を書《か》けばいいんだよ。

ふみおとさくらの作文《さくぶん》トーク

## 「書《か》き終《お》える」って、なに？

ふみお

あ〜！　書《か》き終《お》わらないよ〜！
あとちょっとで提出《ていしゅつ》できるんだけど……！

さくら

がんばれー！
ちなみにあとちょっと、何《なに》が書《か》きたいの？

ふみお

書《か》きたいことは、もう全部《ぜんぶ》書《か》いたんだ。
でもまとめの文《ぶん》が思《おも》いつかなくてさ……。

しょう先生《せんせい》

書《か》きたいことが全部《ぜんぶ》書《か》けたなら、
それでいいんじゃない？
キミの気持《きも》ちが今《いま》すっきりしているなら、きっと
それはいい作文《さくぶん》だよ。

ふみお

確《たし》かに、もう「やり切《き》った！」って感《かん》じがするよ。
……よし、納得《なっとく》した！　これで提出《ていしゅつ》します！

しょう先生《せんせい》

OK《オーケー》！　うん、確《たし》かにいい作文《さくぶん》だね。
いい気持《きも》ちで書《か》かれた作文《さくぶん》は、中身《なかみ》が詰《つ》まって
いて読《よ》んでいても気持《きも》ちがいいな〜！

## 花束を渡すように

文末にありがちな言葉を添えてしまうのは、大人にもよくあることです。仕事で文字のやり取りをするとき、とりあえず最後に「よろしくお願いいたします」と付けるのなんて、ほとんどの社会人が経験していることではないでしょうか。

しかし作文においては、そういうものは別に必要ありません。楽しかったです、またやりたいです、がんばりたいです。それが子どもたちの本当の気持ちであれば否定しようのないすばらしいものですが、ただどうにも「前向きにまとめなければならない」という意識は根強いようです。そんなことは決してないのに、です。

さて今回の作文は、「花です。」という極めてシンプルなひと言で突然に結ばれています。これを読んだとき、私はドキドキしました。大切な人にお祝いのお花をあげるときを想像してみましょう。あげる直前までなるべく花を隠して、ジャーンと相手の目の前に出して渡すイメージがありませんか。そう考えると、お花って、突然なほうが嬉《うれ》しいのではないかとも思えます。

この作文を読んだとき、私はいきなり目の前に花束を出されたような、そんな感覚になりました。子どもたちの作文が「それらしいまとめの言葉」なしに結ばれたとき、そこには個性的な表現の味わいが出ます。それを感じ取って認めることが、大人の大切な役割です。

# 4 自分《じぶん》をかざらなくてもいい

一番大切《いちばんたいせつ》なのは、「キミらしさ」。わざと立派《りっぱ》に見《み》せる必要《ひつよう》はないよ。

## 4年生《ねんせい》（女子《じょし》）の作文《さくぶん》

今週《こんしゅう》、なでしこのたねをうえました。でも、「なでしこ」のことは、まったく知《し》りません。「なでしこ」という名前《なまえ》も知《し》りませんでした。花《はな》か草《くさ》かも知《し》りませんでしたし、たねがあんなに小《ちい》さいのも知《し》りませんでした。弟《おとうと》が水《みず》でっぽうで優《やさ》しく水《みず》をやっていました。育《そだ》つのが楽《たの》しみです。

## この作文《さくぶん》のすてきなところ

この子《こ》は「なでしこ」という植物《しょくぶつ》について、何《なに》も知《し》らなかったみたい。でもそれが、むしろ作文《さくぶん》の良《よ》さになっているよね。読《よ》んでいておもしろいし、読《よ》み手《て》も「なでしこ」のことが気《き》になってくる。知《し》らないからこそ、どのように育《そだ》つのか楽《たの》しみなのかもね。弟《おとうと》のことが一文書《いちぶんか》いてあるのも、平和《へいわ》な雰囲気《ふんいき》があってすてきです。きっときれいな花《はな》が咲《さ》くでしょう。

## 自分《じぶん》を見《み》つめて、おもしろがる

何《なに》か文章《ぶんしょう》を書《か》くときに、まじめな人《ひと》ほど「立派《りっぱ》なことを書《か》かなきゃ」と思《おも》ってしまうもの。でも、作文《さくぶん》に「背《せ》のびして格好《かっこう》つけた自分《じぶん》」を書《か》く必要《ひつよう》はありません。「自分《じぶん》はこういう人《ひと》だ」ということをよく見《み》つめて、それをおもしろがってみよう。そうすると、作文《さくぶん》にユーモアが出《で》てくるはずです。そのユーモアのなかに、自《じ》分《ぶん》らしさがにじみ出《で》てくるはずです。そういう作文《さくぶん》にこそ、キミの魅力《みりょく》が表《あらわ》れます。

ふみおとさくらの作文《さくぶん》トーク

## きれいな「うそ」よりも……

「クッキーを手作《てづく》りしました。花《はな》の形《かたち》、星《ほし》の形《かたち》などきれいでおいしいクッキーがたくさんできて、お母《かあ》さんも大喜《おおよろこ》びでした。」っと……。

さくら

わ～！　すごいね！！　自分《じぶん》でクッキー作《つく》れるんだ！

ふみお

う……ん……いや、あの……。

さくら

え？　どうしたの？　すごいじゃん！
自信持《じしんも》ちなよ！

ふみお

……本当《ほんとう》はね、大失敗《だいしっぱい》だったの。真《ま》っ黒《くろ》こげ。
きれいどころか、食《た》べられないクッキーだったの。
くやしくて、ちょっとうそついちゃった……。

さくら

な～んだ！　おもしろい話《はなし》じゃん！（笑《わらい》）
そっちのほうがさくららしくて好《す》きだけどね！

ふみお

そう……？　じゃあ、作文《さくぶん》は書《か》き直《なお》そうかな。
……今度《こんど》うまく焼《や》けたら、クッキーあげるね。

さくら

（ふみお、今度《こんど》のバレンタインこそ
0個《こ》で泣《な》かなくてすむかもね）

しょう先生《せんせい》

## 等身大で書けるかは、相手次第？

作文を書くうえで大切なのは「自分の心を見つめる」ことです。ここに見栄や取り繕いが入れば、表現されたものは「自分らしさ」から離れていきます。

そうなってしまう最大の理由は「他者の評価を気にする」ということ。もっと正確にいえば、「作品を通じて自分自身の価値が低く見積もられてしまうのではないかという恐怖」です。

自分の存在ごと認めてくれている相手に出す作文は、いきいきします。何を書いたってきっと笑顔で受け取ってくれるだろうと安心して、自分らしく、おもしろく書こうとするからです。

反対に、せっかく書いた作文に対して「そんなことも知らないの」「日本語がおかしい」「もっといいこと書けたんじゃないの」「こんな内容、恥ずかしいわ～」「字がきれいならな～」などとコメントする相手には、どんなにすてきな感性を持った子でも、本来の自分が出せなくなるでしょう。作文は作文。「私はこんなに立派ですよ」「こんなにいいことをして、こんなにいいことを感じましたよ」というプレゼン大会ではないのです。

自分にOKを出せる人は、魅力的です。自分を見つめ、それをそのまま書くことの繰返しで、「私ってこうだな」と、自己理解を深めます。そうして獲得した自信と割り切りこそが、長く人生を支える「豊かな自己像」になっていくのです。

# 5 「見《み》通《とお》し」がなくてもいい

書《か》いている途中《とちゅう》で、思《おも》いもよらない展開《てんかい》になるかも。それも作文《さくぶん》のおもしろさです。

1年生《ねんせい》（女子《じょし》）の作文《さくぶん》

さいきんパパとのゲームにはまっています。パパときょうもゲームをやって、パパといっしょのゲームはさいこうにたのしくて、パパとあそんでさいこうです。

でもすべてゲームじゃない。そとでえいがをみても、こうえんにいっても、なにをしてもたのしいです。

## この作文《さくぶん》のすてきなところ

パパとするゲームの楽《たの》しさを語《かた》る作文《さくぶん》かと思《おも》いきや、「でもすべてゲームじゃない。」と急展開《きゅうてんかい》。読《よ》んでいてドキッとします。パパとの遊《あそ》びを思《おも》い出《だ》しながら、いっしょならなんだって楽《たの》しいということに気《き》づいたんだね。実《じつ》はこの子《こ》、最初《さいしょ》はゲームのことだけを書《か》こうとしていました。だから初《はじ》めからこういうふうに書《か》こうと思《おも》っていたわけじゃない。書《か》きながら、本当《ほんとう》の自分《じぶん》の心《こころ》に気《き》づいたんだ。その変化《へんか》がすばらしいね。

## その場《ば》の気持《きも》ちを大事《だいじ》にしよう

作文《さくぶん》を書《か》くときに、「どういうふうに書《か》こうか」と全体像《ぜんたいぞう》を思《おも》いうかべるのは悪《わる》くありません。自分《じぶん》の伝《つた》えたいことを、伝《つた》わりやすいように書《か》くためには大切《たいせつ》なことです。ただ、自由《じゆう》な作文《さくぶん》では、それは必要《ひつよう》ありません。書《か》いているうちに、新《あたら》しい気持《きも》ちに出合《であ》うこともあるのです。そういうリアルタイムな「今《いま》のキミ」を大事《だいじ》にすれば、きっと素直《すなお》な良《よ》い作文《さくぶん》になります。そう、書《か》く前《まえ》に不安《ふあん》に思《おも》う必要《ひつよう》はまったくないのです。

ふみおとさくらの作文《さくぶん》トーク

## 書《か》いちゃえば、こわくない

さくら

はあ、なかなか書《か》き始《はじ》められないなぁ……。

ふみお

どうしたの？　書《か》くこと決《き》まらないの？

さくら

ちがうの、テーマは決《き》まってるんだけど、
どうやって書《か》くか最後《さいご》までイメージがまとまら
なくて、そこで止《と》まっちゃってるんだよ。

ふみお

え！　ぼくはいつも決《き》めたらすぐに
書《か》き始《はじ》めちゃうなあ。

さくら

それ、なんだかこわいんだよね。先《さき》が見《み》えないとさあ。

しょう先生《せんせい》

さくらは、先《さき》のことを考《かんが》えられる人《ひと》だもんね。でも作《さく》
文《ぶん》は、もっと気楽《きらく》でいいんだよ。「なんだかちがうな
～」と思《おも》ったら消《け》して書《か》き直《なお》していいし、途中《とちゅう》でいい
ことを思《おも》いついたら、それを書《か》いてもいいんだ。

さくら

そっか。気《き》にしすぎだったかも。
まず何《なに》か書《か》いてみてから考《かんが》えるよ！

しょう先生《せんせい》

見通《みとお》しが立《た》てられるのも一《ひと》つの力《ちから》だけど、
キミたちはみんなすてきな感性《かんせい》を持《も》っているから、
きっと書《か》きながらたくさんアイディアが出《で》るよ！

おうちのかたへ

## そのときその場で生まれるもの

教室で子どもたちを指導するときには、「題名は最後につけるのがおすすめだよ」と伝えます。その理由はズバリ、「どうなるかわからないから」です。

文を書いて表現することで、自分の考えがすっきり整理されていくのはよくあること。そのなかで、「つまりこういうことか！」とひらめくのも、作文の醍醐味《だいごみ》です。できあがった作文だけを見ると、それはとても静的なもののように思えますが、書いている子どもたちの姿はまさに「ライブ感」に満ちたものです。一度「できた！　先生読んで！」と渡されたものが、「あ！　やっぱりもうちょっと書きたいから一回返して！」と引き取られることはしばしばあります。書いたあとの心地良さに満たされているとき、頭も心も活発に動いているから、きっと新しいひらめきが生まれやすいのでしょう。

「題名は最後に書くのがおすすめ」という言い方で子どもたちには伝えるものの、その本質は「自分が予想もしないおもしろいことが起きるかもしれないから、それを楽しみにしていてね」というメッセージです。

「まったく計画通りに生きている子ども」には出会ったことがありません。反対に、「そのときその場で生まれるもの」を楽しめる子どもはたくさん見てきましたし、そういう子は例外なく伸びます。それがきっと子どもの本来の姿。作文も、同じなのです。

# 6 「いいこと」を書《か》かなくてもいい

生《い》きていれば、うれしいことにも、いやなことにも出合《であ》う。どちらも大切《たいせつ》な経験《けいけん》です。

2年生《ねんせい》（女子《じょし》）の作文《さくぶん》

さいきん気温《きおん》がかわってきて、ふくにこまっています。半《はん》そでがいいときはおとうさんが長《なが》そでにしてと言《い》うし、長《なが》そでがいいときはお父《とう》さんはいいけどおかあさんが半《はん》そでにしてといいます。

きょうはなんとか半《はん》そででこられたけど、だいたいいつもは自分《じぶん》がきたいふくとちがうふくをきることになってたいへんです。

## この作文《さくぶん》のすてきなところ

この子《こ》は、最近《さいきん》の「困《こま》りごと」を書《か》いたんだね。季節《きせつ》の変《か》わり目《め》は、昼《ひる》は暑《あつ》くて夜《よる》は寒《さむ》いなんてことがあるから、家族《かぞく》の意見《いけん》があわなくて困《こま》っている。そんなことを書《か》いたのに、なんだか読《よ》んでいておもしろみがあるのは、この子《こ》が「しょうがないなあ、お父《とう》さんとお母《かあ》さんは！」とちょっと許《ゆる》しつつ、この状況《じょうきょう》を楽《たの》しんでいそうだからだね。実際《じっさい》、この子《こ》は笑顔《えがお》でこの作文《さくぶん》を先生《せんせい》に出《だ》してくれたので、笑《わら》い話《ばなし》として書《か》いていたんだね。

## いいこと以外《いがい》も、おもしろい

作文《さくぶん》を書《か》くとき、「最近《さいきん》いいことあったかなあ」と思《おも》い返《かえ》すことは多《おお》いのではないでしょうか。その気持《きも》ち、わかります。心《こころ》に残《のこ》っている「いいこと」は、書《か》きたくなる。でもそれと同《おな》じくらい、悲《かな》しかったりいやだったりするとき、心《こころ》は激《はげ》しく動《うご》いているんじゃないかな。作文《さくぶん》は、自分《じぶん》の心《こころ》を見《み》つめて書《か》くもの。人生《じんせい》はいろいろなことで心《こころ》が動《うご》いて、予定通《よていどお》りじゃないことがたくさん起《お》きるから楽《たの》しいんだ。

## テーマ作文《さくぶん》

# 「いいこと以外《いがい》」を書《か》いてみよう

ここでは、あえて「いいこと」以外《いがい》のテーマにチャレンジしてみましょう。
もちろん、思《おも》い出《だ》してつらくなることは、想像《そうぞう》しないでいいよ。
たとえば、そろそろ笑《わら》い話《ばなし》にできそうなくらいの、ちょっとつらかったこと。
実《じつ》はいつもがまんしていること。人《ひと》に言《い》われていやだったこと。
そういうことを書《か》いてみると、気持《きも》ちがすっきりするかもしれません。
いいこと以外《いがい》にも向《む》き合《あ》える人《ひと》は、前《まえ》に進《すす》んでいける人《ひと》です。

## ネガティブな作文は、チャンス

子どもたちの作文に対して、大人が無意識に「ポジティブなものを期待してしまう」ということがよくあります。後ろ向きなことを書くことで、「この子の精神は大丈夫だろうか」と気にされる保護者の方もいるくらいです。ネガティブな作文を書いたことを気にされる保護者の方には、私は「その子がどのような表情でそれを書き、提出したか」を伝えるようにしています。

たとえば、「勉強がつらい」ということをひたすら書いた子。3年生の後半、親の方針で家庭学習の量を増やしたタイミングと重なったので、「私のせいでしょうか……」とお母さまから相談をいただきました。そこでお話ししたのは、「その子が褒めて欲しそうにニコニコしながら提出してきた」ということ。子どもは、がんばっていることを「大変だ」「つらい」と表現することがよくあります。そういうとき、「そっか、それだけがんばってるんだもんね」と認めるだけで、心がパーっと晴れたような顔になります。

実際に、勉強がつらいと書いたその子も、がんばりを認めた途端、体をくねらせて「そうなんだよ〜、最近オレ勉強忙しいんだよ〜」と嬉《うれ》しそうにしていました。その様子までお母さまに伝えると、安心されていました。

大人として、子どものネガティブな作文を恐れなくても大丈夫です。むしろ、抱きしめて認めるチャンスです。基本は同じ、ドンと構えて味わうことが大切です。

# ありのまま書《か》く

この章《しょう》では、「ありのまま書《か》く」ということを学《まな》びました。
「実《じつ》は気《き》にしなくていいこと」がたくさんあったでしょう。

キミらしく、ありのままに。
それができなくなるのは、「人《ひと》からの評価《ひょうか》」を気《き》にするときです。

「ちゃんと書《か》かなきゃ」って思《おも》うと、そうなります。
でも、その「ちゃんと」って、なんなんだろうね。

「なんとなく怒《おこ》られないような、お利口《りこう》な感《かん》じ」かな?
でもそれは、作文《さくぶん》にはいらないんだったよね。

いや、作文《さくぶん》に「も」、いらないんだったね。人生《じんせい》もそうだから。
ありのままのキミは、とってもすてきなんだよ。

# 第《だい》2章《しょう》

# 豊《ゆた》かに書《か》く

# 7 「音《おと》」を表現《ひょうげん》してみよう

みんなと同《おな》じ「音《おと》」を聞《き》いても、
感《かん》じ方《かた》までは同《おな》じじゃない。

1年生《ねんせい》（女子《じょし》）の作文《さくぶん》

きのうのよるともだちとはなびをしました。
ピカピカパチパチおとがしました。あいすもたべました。

## この作文《さくぶん》のすてきなところ

「ピカピカ」「パチパチ」などの、「様子《ようす》」や「音《おと》」をイメージ豊《ゆた》かに表《あらわ》す言葉《ことば》を「オノマトペ」といいます。この子《こ》は、花火《はなび》の音《おと》をオノマトペで表現《ひょうげん》したんですね。ふつう「ピカピカ」は「音《おと》」ではなく光《ひかり》の「様子《ようす》」を表《あらわ》すことが多《おお》いのですが、この子《こ》にはきっとピカピカしたイメージの音《おと》が聞《き》こえたんだと思《おも》います。オリジナリティ（自分《じぶん》らしいアイディア）があって、いいですね。

## この世界《せかい》の音《おと》に、耳《みみ》をかたむけて

この本《ほん》を読《よ》んでいる今《いま》、耳《みみ》をすましてて、周《まわ》りの音《おと》に意識《いしき》を向《む》けてみましょう。どんな音《おと》がしているでしょうか。外《そと》を歩《ある》く人《ひと》の声《こえ》や、乗《の》り物《もの》のエンジン音《おん》、生《い》き物《もの》の声《こえ》に、家族《かぞく》の物音《ものおと》。もしそういう音《おと》がまったくなければ、空気《くうき》の流《なが》れや、自分《じぶん》の心臓《しんぞう》の鼓動《こどう》を感《かん》じるかもしれませんね。それを感《かん》じたまま、言葉《ことば》にしてみましょう。表《あらわ》し方《かた》は、キミの自由《じゆう》。その場《ば》の情景《じょうけい》がイメージできる「臨場感《りんじょうかん》」にあふれた作文《さくぶん》になるはずです。

ふみおとさくらの
作文《さくぶん》トーク

## オリジナルオノマトペ

いきなりですが、オノマトペクイズ！
今《いま》から言《い》うオノマトペは、どんなシーンを表《あらわ》しているでしょう！

ふみお

何《なに》、急《きゅう》に！
しかたないから答《こた》えてあげるけど。

さくら

では、いきます。
「バサッピチャ！」

ふみお

何《なに》それ！！！　聞《き》いたことないよ！

さくら

正解《せいかい》は、「雨《あめ》の日《ひ》の放課後《ほうかご》、まだぬれたままのかさをいきおいよく差《さ》したときの音《おと》」でした〜！

ふみお

（あら、意外《いがい》といい表現《ひょうげん》……）

さくら

ふみおはオリジナルの言葉《ことば》を考《かんが》えるのが得意《とくい》だから、オノマトペをたくさん使《つか》うのが向《む》いているかもね。

しょう先生《せんせい》

## 自分の感覚と言葉

この章では「音」を題材に「オノマトペ」について触れました。オノマトペとは擬音語・擬態語・擬情語などの総称のことです。言語学的な定義はさておき、ここで大切なのはそれが「感覚的な言葉」だということです。

小学生はまだまだ語彙を獲得している途中。知らない言葉だらけなのが普通です。そうなると、「本当は表現したい何かがあるけれど、それにピッタリの言葉を持っていない」ということが起こります。

それを救うのが、オノマトペ。言葉としてあらかじめ知っておく必要はありません。感じたままに一番近いものを直感的に作り出すだけで、誰でも書ける言葉です。

一応そこにも「常識」のようなものはありますが、せっかく自由に作文を書くならば、一般的な用法に縛られずに考えたほうが楽しく伸びるでしょう。もしもわが子が独創的なオノマトペを生み出したときには、「そんなふうに感じたんだね！」と一緒におもしろがってください。その会話と反応一つが、「ありのままでいい」という心の土台を作ります。彼らの感覚を大いに認めましょう。

どんな状況でも自分で考え、世界を自分の言葉で拓いていける人は、「自分の感覚と、使っている言葉が一致している人」ともいえるでしょう。

# 8 自《じ》分《ぶん》の感《かん》じ方《かた》を大《たい》切《せつ》にしよう

人《ひと》と同《おな》じものを見《み》ていても、感《かん》じ方《かた》は人《ひと》それぞれ。
キミの五感《ごかん》で、世界《せかい》を感《かん》じよう。
キミの頭《あたま》と心《こころ》で、世界《せかい》を楽《たの》しもう。

1年生《ねんせい》（男子《だんし》）の作文《さくぶん》

かみは、ぐちゃぐちゃにしなければとげとげになりません。
だけど、どうしてぐちゃぐちゃにしたらとげとげになるのかを
しりたいです。

## この作文《さくぶん》のすてきなところ

この子《こ》の言《い》いたいこと、わかるかな？　紙《かみ》はふだんは平《たい》らでサラサラしているのに、ぐちゃっと軽《かる》く丸《まる》めると、紙《かみ》の角《かど》が立《た》って「とげとげ」した感《かん》じになると、この子《こ》は感《かん》じたんだね。もしかしたら、ちょっとしっくり来《こ》ない人《ひと》もいるかもしれない。それがこの作文《さくぶん》の良《よ》いところです。同《おな》じ絵《え》を見《み》ても、同《おな》じ音楽《おんがく》をきいても、感《かん》じ方《かた》は人《ひと》それぞれ。この子《こ》は、自分《じぶん》の感《かん》じ方《かた》を大切《たいせつ》にして、そのまま表現《ひょうげん》できたのです。

## キミの感《かん》じ方《かた》は、キミだけの宝物《たからもの》

感《かん》じ方《かた》、すなわち「感覚《かんかく》」というのは、人《ひと》によっておどろくほどちがいます。からい食《た》べ物《もの》を平気《へいき》で食《た》べられる人《ひと》がいたり、くすぐりがまったく効《き》かない人《ひと》がいたり。同《おな》じ映画《えいが》をみても、笑《わら》う人《ひと》と泣《な》く人《ひと》がいたり。体《からだ》の感覚《かんかく》も心《こころ》の感覚《かんかく》も、それぞれ大《おお》きく異《こと》なるのが人間《にんげん》です。同《おな》じ人間《にんげん》なのに、不思議《ふしぎ》だよね。この「不思《ふし》議《ぎ》さ」がおもしろさ。キミにとっての「当《あ》たり前《まえ》」は、もしかしたら世界《せかい》でキミだけが知《し》っている感覚《かんかく》かもしれないよ。

## 五感《ごかん》を使《つか》って表現《ひょうげん》してみよう

「五感《ごかん》」とは、「見《み》る」「聞《き》く」「触《さわ》る」「におう」「味《あじ》わう」という感覚《かんかく》のこと。
この感覚《かんかく》を言葉《ことば》にするだけで、自分《じぶん》だけの表現《ひょうげん》になります。
左《ひだり》の質問《しつもん》に答《こた》えてみましょう！

今日《きょう》、この本《ほん》を読《よ》むまでにどんなものを見《み》た？

今《いま》から30秒間《びょうかん》、耳《みみ》をすましてみよう。何《なに》が聞《き》こえる？

「触《さわ》り心地《ごこち》」が好《す》きなものはある？　それは何《なに》？

キミが好《す》きなにおいは、どんなにおい？

キミの好《す》きな食《た》べ物《もの》は何《なに》？　それはどういう味《あじ》がする？

「自分《じぶん》だけの感覚《かんかく》かもしれない」ということはある？

## わが子の感覚を研究する

この章では「感覚」の個人差について触れました。これと同じく「大人と子どもの差」についても考えるのも、またおもしろいことです。世の中のすべてが「興味」である幼児を観察すると、「今そんなことを感じていたのか」という発見が止まりません。

たとえば、会話しながら道を歩いているときに、急に止まってしゃがみ込んだ子。彼の耳には、マンホールの下を流れる水の音が聞こえていました。線路を走る電車のガタンゴトンという音にあわせて、体を揺らす子。彼には、電車のリズムが音楽のように聞こえていました。悲しいことは起きていないはずなのに、急に泣き出し、涙が止まらない子。実は彼は「雨」が大嫌いで、窓をパチパチと打ち始めたにわか雨に気づき、悲しくなっていたのでした。

どれだけ観察しても、どれだけ想いを馳《は》せても、その子の感覚を「全く同じように」感じることはできません。だからこそ、子どもがそれを書こうとしたとき、私たちはそれを最大限祝福したいものです。

感覚を言葉にするのは、子どもにとっては特に難しいことです。病院で「どんな痛み？ズキズキ？　ジンジン？」と言われても、実はみんなよくわかっていなかったりします。もし子どもが難解な言語化をしたときは、「わかるように書いて」ではなく、大人がわかろうとしてみましょう。わが子の自由研究だと思えば、おおらかな気持ちで楽しめるはずです。

# 9 実《じっ》際《さい》の会《かい》話《わ》の言《こと》葉《ば》を書《か》いてみよう

人《ひと》が口《くち》に出《だ》した言葉《ことば》には、その人《ひと》らしさが詰《つ》まっています。

2年生《ねんせい》（女子《じょし》）の作文《さくぶん》

ともだちといっしょにわたしのおばあちゃんちにいきます。おばあちゃんにでんわしたら、おばあちゃんが「じゃあひつようなのは、メロンと、おかしとこおりとアイスとふとんだね！」と言《い》ったので、わたしはおもわず「うん！」と言《い》ってしまいました。

## この作文《さくぶん》のすてきなところ

この子《こ》の求《もと》めているものはすべて、おばあちゃんにはお見通《みとお》し。おばあちゃんに大切《たいせつ》にされていることと、この子《こ》がおばあちゃんのことが大好《だいす》きなこと、そして二人《ふたり》とも会《あ》うのを楽《たの》しみにしているのが、会話《かいわ》から伝《つた》わりますね。会話《かいわ》の言葉《ことば》を書《か》かなくたって、「私《わたし》はおばあちゃんに愛《あい》されています」と書《か》いて伝《つた》えることはできるんだけど、この会話《かいわ》には、そんな説明《せつめい》なんて必要《ひつよう》ないくらいに愛《あい》が染《し》み出《だ》していますよね。

## 会話文《かいわぶん》だけでも「感覚《かんかく》」は伝《つた》わる

説明書《せつめいしょ》を読《よ》むよりも、人《ひと》から教《おし》えてもらったほうがわかりやすいことってありませんか？　作文《さくぶん》における「会話文《かいわぶん》」は、それに似《に》ているかもしれません。楽《たの》しいときには楽《たの》しげな言葉《ことば》が、わくわくしているときには期待感《きたいかん》に満《み》ちた言葉《ことば》が自然《しぜん》と出《で》てくるものです。実際《じっさい》にだれかが言《い》った言葉《ことば》をそのまま書《か》くだけでも、「その場《ば》の感覚《かんかく》」がよりリアルに伝《つた》わります。

## キミの頭《あたま》のなかに残《のこ》っている言葉《ことば》は？

だれかが言《い》った言葉《ことば》を思《おも》い出《だ》して、書《か》いてみよう。昔《むかし》のものでも最近《さいきん》のものでも構《かま》いません。もちろん自分《じぶん》の言葉《ことば》でもいいよ。

1 思《おも》い出《だ》した言葉《ことば》

2 それはだれの言葉《ことば》？

3 どんなときの言葉《ことば》？

4 どんな気持《きも》ちになった？

## 言葉に染み込む、まだ知らない気持ち

「愛」という言葉を使った表現以外にも、愛を伝える方法はたくさんあります。目覚めて気づく「家族がかけてくれた毛布」、いつもより丁寧に書かれた「手紙の文字」。そういったものは、自分に向けられた愛をじんわりと感じられる具体物です。

会話の言葉一つも、それにあたるでしょう。例にあげた作文では、おばあちゃんの言葉に愛が詰まっていました。子どもにとっては、まだまだこれを「愛だなあ……」としみじみ感じることはないかもしれません。「嬉《うれ》しい」とか、「楽しみ」とか、そういう言葉になることが一般的でしょうか。それでももちろん良いのですが、おすすめは「会話をそのまま書く」こと。そうすることで、会話の意味を大人のように解釈して言語化しなくても、人の気持ちごと表現することができます。そこに込められた「まだ子どもが使用語彙として獲得していない内面的なもの」をも、形に残すことができます。

思春期になり、心が大人になれば、説明できない複雑な気持ちとも出合うでしょう。そういうとき、「この気持ちはなんだろう」と自己と向き合うなかで、初めて「愛」や「憎しみ」、「嫉妬」「葛藤」などを自分の身に染みた生きた言葉として知っていきます。それまでは、気持ちの表し方を巧みな語彙として多く持っているわけではありません。声として出てきた言葉をそのまま書いて、そこに確かにあった心を形で捉えることは、心の成長の土台になっていくのです。

# ⑩ 何《なに》かに例《たと》えてみよう

キミのオリジナルの例《たと》えは、読《よ》み手《て》の想像力《そうぞうりょく》をかきたてます。

2年生《ねんせい》（男子《だんし》）の作文《さくぶん》

まるでビー玉《だま》みたいな花《はな》のミモザ。色《いろ》は、うすい山《やま》ぶき色《いろ》で、じつは、さわりごこちはわからないけれど、すすきのようなさわりごこちじゃないかと思《おも》っています。

## この作文《さくぶん》のすてきなところ

「まるでビー玉《だま》みたいな」という始《はじ》まりに、うっとりしてしまう作文《さくぶん》。ふわふわとした花《はな》が丸《まる》く「ふさ」になっているのを、ビー玉《だま》とすすきに例《たと》えて表現《ひょうげん》したんだね。理科《りか》の観察《かんさつ》も楽《たの》しいのですが、これはいうなれば「作文《さくぶん》の観察《かんさつ》」。正《ただ》しさやわかりやすさよりも「自分《じぶん》がどう感《かん》じるか」を優先《ゆうせん》して書《か》いていいのです。この作文《さくぶん》がこの子《こ》にしか書《か》けないものになっている理由《りゆう》は、自分《じぶん》の感《かん》性《せい》を大切《たいせつ》にしているからですね。

## 例《たと》えるって、おもしろい

何《なに》かに例《たと》えて表現《ひょうげん》することを、「比喩《ひゆ》」といいます。「マシュマロみたいなお布団《ふとん》」と言《い》えばやわらかさが想像《そうぞう》できますし、「マグマのようなカレー」と言《い》えば火《ひ》をふくほどからいのだろうと想《そう》像《ぞう》できます。必要《ひつよう》なのは、キミの「感《かん》じ方《かた》」と「想像力《そうぞうりょく》」。もちろん正解《せいかい》はないから、自由《じゆう》です。読《よ》んだ人《ひと》に共感《きょうかん》されたらうれしいし、自分《じぶん》だけの感《かん》じ方《かた》だったとしたら、それはまさにオリジナル。自信《じしん》を持《も》って、自分流《じぶんりゅう》の比喩《ひゆ》を考《かんが》えてみよう。

## 比《ひ》喩《ゆ》を楽《たの》しもう！

「マシュマロみたいなお布団《ふとん》」、「マグマのようなカレー」、「バターがとけるほど考《かんが》えてもわからない問題《もんだい》」。こうやって何《なに》かを何《なに》かに例《たと》えてみると、おもしろい表現《ひょうげん》ができあがります。何《なに》をどう例《たと》えるかは、キミの自由《じゆう》。「比《ひ》喩《ゆ》」をいくつも考《かんが》えて、キミらしい表現《ひょうげん》を楽《たの》しもう。

レベル10

まるで［例《たと》え］のような［表したいもの］

レベル50

［例《たと》え］みたいに［表したいもの］

レベル99

［例《たと》え］ほどに［様子《ようす》を表《あらわ》す言葉《ことば》］（な）［表《あらわ》したいもの］

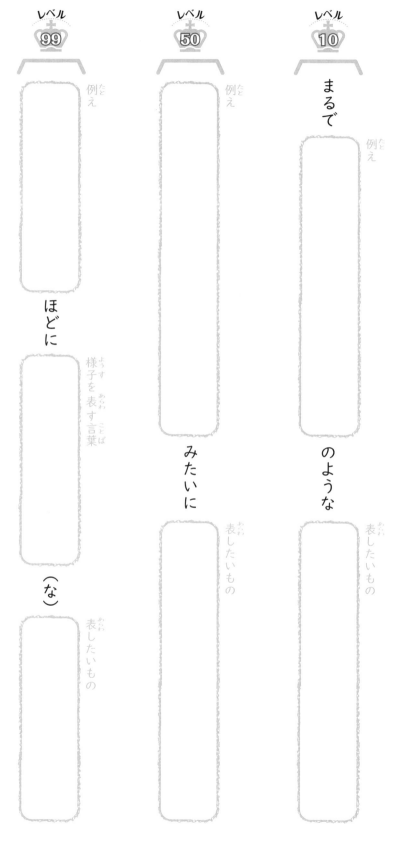

## 抽象性の海を渡る、自分らしさ

比喩表現が使えると、作文は一気に華やかな印象になります。ただし「装飾をする」という目的を強調してしまうのはおすすめしません。そもそも、文章を飾る必要はないのです。

子どもの比喩表現を大人が見るうえで大切なことは、「この子はこういう感じ方をしたんだ」と捉えることです。例えるという行為には、ある物事を一度抽象化し、別の具体物に置き換えるという高度な手順があります。「似ている属性を持つ別の具体を探す」というのが例えるということだからです。ここに、オリジナリティが出ます。自分の頭のなかにあるものから探すわけですから、当然子どもの経験や知識が比喩表現の下支えとなります。経験や知識がまったく同じ個人はいませんから、必然的に独自性が生まれるのです。

そこに、感性が乗っかります。あるものにどのような「属性」があると捉えるのか、それ自体にその人らしさがありますから、比喩表現がオリジナリティの塊であることは間違いないでしょう。

成長した子どもたちは、いずれ「つまりそういうことか」という言葉を頭のなかでたくさん使うようになります。物事を抽象化して、確固たる自分の理解にする。物事のつながりを見て、本質を捉えられるようになる。そういう高いレベルでの「世界への理解」の土台に、「比喩」というものがあるといえるでしょう。

# 11 小《ちい》さな心《こころ》の動《うご》きを書《か》いてみよう

日常《にちじょう》の、小《ちい》さな小《ちい》さな心《こころ》の動《うご》き。もしかしたらとっても大切《たいせつ》な経験《けいけん》かも。

5年生《ねんせい》（男子《だんし》）の作文《さくぶん》

学校《がっこう》などの準備《じゅんび》をしていると、おばあちゃんがなんども※釘《くぎ》をさしてきます。でも、準備《じゅんび》はできているので心配性《しんぱいしょう》だなと思《おも》っています。ある日《ひ》、おばあちゃんが朝《あさ》からいない日《ひ》がありました。その日《ひ》に、準備《じゅんび》し終《お》わって外《そと》に出《で》ると、急《きゅう》に不安《ふあん》になってしまったのですが、けっきょく忘《わす》れ物《もの》はありませんでした。

※釘《くぎ》をさす：あとで問題《もんだい》にならないように、相手《あいて》に念押《ねんお》しして注意《ちゅうい》すること。

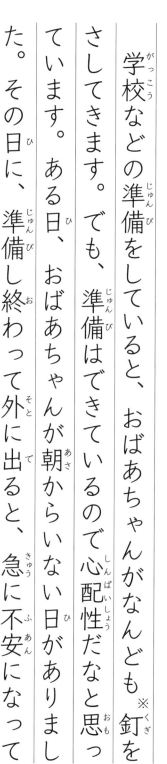

## この作文《さくぶん》のすてきなところ

「準備《じゅんび》できてるの？」と毎回確認《まいかいかくにん》してくれる家族《かぞく》。いつもは「そんなに心配《しんぱい》しなくても大丈夫《だいじょうぶ》だよ！」なんて思《おも》っていても、いざその言葉《ことば》がなくなってみると、ちょっと不安《ふあん》になってしまった。先生《せんせい》にもそういう経験《けいけん》があります。この子《こ》はそんな小《ち》さな心《こころ》の動《うご》きを書《か》きました。気《き》にかけてくれるおばあちゃんの「ありがたみ」を感《かん》じたことが、直接《ちょくせつ》は書《か》いていなくても、読《よ》みながらじんわり感《かん》じられます。

## 心《こころ》は動《うご》き続《つづ》けている

「心《こころ》が動《うご》くとき」と聞《き》くと、ついドラマチックな何《なに》かを想像《そうぞう》しがちです。感動《かんどう》、おどろき、大発見《だいはっけん》。それらもとってもすてきですが、大《おお》きなものでなくとも、私《わたし》たちは生活《せいかつ》のなかでたくさんの心《こころ》の動《うご》きに出合《であ》っています。この「小《ち》さな心《こころ》の動《うご》き」をナメてはいけません。それに気《き》づくかどうかで、キミの人生《じんせい》が変《か》わるかもしれない。自分《じぶん》の心《こころ》をよく見《み》つめて、ていねいに言葉《ことば》にしていけば、「自分《じぶん》の言葉《ことば》」を持《も》ったすてきな大人《おとな》になれるはず。

テーマ作文《さくぶん》

# 「心《こころ》が動《うご》いたこと」について書《か》いてみよう！

うれしかったこと、悲《かな》しかったこと。楽《たの》しかったこと、つまらなかったこと。安心《あんしん》できたこと、不安《ふあん》だったこと。まだ名前《なまえ》も知《し》らない、不思議《ふしぎ》な気持《きも》ち。どんな気持《きも》ちも、キミがすてきな大人《おとな》になるための大切《たいせつ》な気持《きも》ち。

思《おも》い出《だ》しながら、自由《じゆう》に書《か》いてみよう。

もし、まだすぐに書《か》き出《だ》せなくても、心《こころ》のなかで自分《じぶん》のことを思《おも》い返《かえ》す時間《じかん》が、とっても大切《たいせつ》なのです。

## 自分を知ることと、大人の言葉のひと雫《しずく》

作文の大きな目的の一つは、「自分の心を見つめる」ということ。「自分のやりたいことがわからない」という大人も多くいる現代にこそ必要なことです。

「自分はこういうときに心が動くんだなあ」と知っていくことは、子どもの心の成長に本来欠かせません。自分は何が好きなのか。自分はどういうときに幸せを感じるのか。はたまた、どんなことにストレスを感じるのか。そういうことにそもそも「気づいていない」ということが大いにあるのが小学生の時期ですから、大人がどのような言葉を投げかけるかが肝になってきます。

たとえば子どもが虫採りに没頭していると き、「いつまでやってんの！　私、虫苦手なんだけど！」と言うか、「キミは本当に虫が好きなんだね」と言うか。後者が良さそうなことは誰もがわかると思います。それを、「おだてようとして言う」ではなく、「目の前の子どもの人生を認めていたら自然に出る言葉」として言えたなら、それ以上のことはありません。

大人が思っている以上に、子どもは自分のことに気づいていないものです。虫が好きなんだね、と言われてから「そうか、自分は虫が好きなのか！」となる子もいるくらいです。では「キミの作文はいつもすてきだね。次も楽しみにしてるね」と言われた子は、どうなるでしょうか。その言葉のひと雫が、自信という魔法に変わるかもしれません。

# 12 「ほんのちょっとしたこと」を大切《たいせつ》にしよう

わざわざ人《ひと》に話《はな》すことじゃないかもしれないけれど、
実《じつ》は自分《じぶん》が思《おも》っていること。
そういうことって、キミの魅力《みりょく》だったりするんだ。

4年生《ねんせい》（男子《だんし》）の作文《さくぶん》

今日《きょう》、ゲームをしていたら、お母《かあ》さんが「宿題《しゅくだい》をしろ。」といったので「どっかいったら、やる。」と言《い》いました。そうしたら出《で》ていったので、宿題《しゅくだい》をしました。

## この作文《さくぶん》のすてきなところ

この子《こ》は本当《ほんとう》はお母《かあ》さんと仲良《なかよ》しで、お母《かあ》さんも笑顔《えがお》がすてきな人《ひと》です。ではどうしてこのような会話《かいわ》になったのかというと、ちょっと照《て》れくさかったからじゃないかな、と思《おも》います。勉強《べんきょう》はするけれど、親《おや》には見《み》られたくないという気持《きも》ち、途中《とちゅう》はだめ、先生《せんせい》にもわかります。できあがってからなら見《み》せるけれど、というやつです。ちょっとしたことだけど、この子《こ》の本音《ほんね》が見《み》えて、おもしろいですよね。

## わざわざ書《か》いてみると、おもしろい

「目出《めだ》つ何《なに》か」を作文《さくぶん》に書《か》かなければいけないわけではありません。この子《こ》のように「ちょっとしたこと」をひろって書《か》ける人《ひと》は、頭《あたま》のなかがそのまま表現《ひょうげん》されたかのような、すてきな作文《さくぶん》を生《う》み出《だ》せる人《ひと》です。最初《さいしょ》は「こんなことでいいのかなあ……」と迷《まよ》うかもしれないけれど、まずは書《か》いてみよう。「ちょっとしたこと」の表現《ひょうげん》のしかたに案外《あんがい》、そこに大切《たいせつ》な「本音《ほんね》」があったりして。キミの気持《きも》ちが自然《しぜん》とにじみ出《で》るはず。

# 「ちょっとしたこと」を集《あつ》めてみよう

いくつか、「ちょっとした質問《しつもん》」をしてみます。
自分《じぶん》のことを思《おも》い返《かえ》しながら、
キミだけの「ちょっとしたことリスト」を作《つく》ってみよう！
書《か》き出《だ》してみると、「自分《じぶん》ってこういうことが記憶《きおく》に残《のこ》っていたのか」と
自分《じぶん》を知《し》るきっかけになりますよ。

最近《さいきん》、新《あたら》しく知《し》った言葉《ことば》は？

最近《さいきん》、「ちょっとだけ笑《わら》ったこと」ってある？

最近《さいきん》、不思議《ふしぎ》に思《おも》っていることは？

他《ほか》の人《ひと》の「クセ」って思《おも》い出《だ》せる？

## 何気ない作文に込められたもの

ここでは「ちょっとしたこと」というテーマで語りましたが、例で出した作文についてさらに詳しく説明すれば、「ちょっとした反抗心・自立心」の作文だといえるでしょう。高学年の男の子には、まさに「あるある」という状況です。彼のなかで宿題というものが、見てもらうものや手伝ってもらうものでなくなり始めている。自分の力で、自分のタイミングでやるから放っておいてくれ、という健全な精神成長の記録です。

おもしろいのは、この作文を書いている時点で、書き手の彼は「自分は成長している」なんて思っていないということです。ただ最近生意気になっている自分を、正直に書いてみただけ。これが成長の芽であることは、読み手の大人にだけわかるのです。

こういったことは、大人の役割の重要性を裏付けるものでもあります。ここで、「そんな生意気を言うな」と返すのか、「そうか、大人になってきているんだね」と味わって呟《つぶや》くかで、その子の精神成長の実り方に大きな差がついていきます。

大人の語彙で論理的な文章を書かなくても、「大人」を感じさせる文章はあるのです。親から距離を取りながら自分の人生を生き始めた子どもの、その姿を認めるチャンスは、こういった何気ない作文を受け取ったときにこそ訪れるものです。

# 豊《ゆた》かに書《か》く

この章《しょう》では、「豊《ゆた》かに書《か》く」ということを学《まな》びました。
作文《さくぶん》の世界《せかい》が広《ひろ》がっていきそうなコツをたくさん知《し》ったね。

この世界《せかい》にはいろいろなものがある。
美《うつく》しいもの。楽《たの》しいもの。うれしいものも、悲《かな》しいものも。

作文《さくぶん》の世界《せかい》が、それよりせまいわけないいんだ。
この世界《せかい》にすでにあるいろいろなものに、
キミの頭《あたま》や心《こころ》がプラスされるんだから。

この章《しょう》を読《よ》んだ今《いま》から、キミの作文《さくぶん》の世界《せかい》は「無限《むげん》」になりました。
自分《じぶん》らしく生《い》きていけば、それはずっと自由《じゆう》に、大《おお》きく広《ひろ》がっていく。

先生《せんせい》は、それを「豊《ゆた》か」ということだと考《かんが》えています。

# 第《だい》3章《しょう》

# 楽《たの》しく書《か》く

13 「発見《はっけん》」を書《か》いてみよう

14 「家族《かぞく》」のことを書《か》いてみよう

15 「食《た》べ物《もの》」のことを書《か》いてみよう

16 「自分《じぶん》の性格《せいかく》」を書《か》いてみよう

17 「実《じつ》は……」ということを書《か》いてみよう

18 人生《じんせい》を語《かた》ってみよう

## 13

# 「発見《はっけん》」を書《か》いてみよう

気《き》づいたことは、なんだって書《か》いていい。
もしかしたら、世界《せかい》でキミだけが発見《はっけん》したことかも。

1年生《ねんせい》（女子《じょし》）の作文《さくぶん》

今日《きょう》おもったこと。かなしい気《き》もちの中《なか》のうれしい気《き》もちがあるのにきがついたんだ。たとえばびょうきになっちゃったけどいのちがあってよかったとか。

そとはさむかったけどかぜをひかなくてよかったとか。いろんなことがあるよね。

## この作文《さくぶん》のすてきなところ

この子《こ》は、自分《じぶん》の気持《きも》ちのなかに、新《あたら》しい気持《きも》ちを発見《はっけん》したんですね。生《い》きていれば悲《かな》しいこともあるけれど、きっとそれだけじゃない。いつだってうれしさや幸《しあわ》せがあるはずだという、楽《たの》しく生《い》きるための大発見《だいはっけん》を作文《さくぶん》にしました。つらいことがあったとき、いやだなと思《おも》ったとき、そんなときにこそ自分《じぶん》の心《こころ》に目《め》を向《む》けると、もしかしたらキミも新《あたら》しい気持《きも》ちに出合《であ》えるかもしれません。

## 世《よ》の中《なか》は「発見《はっけん》」でいっぱい！

こうやって自分《じぶん》が「発見《はっけん》」したことは、キミの人生《じんせい》をすてきなものにする宝物《たからもの》です。この子《こ》は気持《きも》ちのことを書《か》いたけれど、世《よ》の中《なか》は他《ほか》にもいろいろな「発見《はっけん》」に満《み》ちています。道《みち》で見《み》つけた生《い》き物《もの》のこと、季節《きせつ》の変《か》わり目《め》に見《み》つけた新《あたら》しい自然《しぜん》の様子《ようす》、街《まち》ではたらく人《ひと》のがんばる姿《すがた》。キミの「発見《はっけん》」をたくさん書《か》いてみましょう！

ふみおとさくらの作文《さくぶん》トーク

## ある日《ひ》の発見《はっけん》

ふみお

ぼくさあ～、気《き》づいちゃったんだよねえ～。

さくら

なに、そんなにニヤニヤにして。

ふみお

お昼《ひる》より、夕方《ゆうがた》のかげのほうが長《なが》いことを発見《はっけん》したんだ。きっとぼくが毎回給食《まいかいきゅうしょく》をおかわりしているから、夕方《ゆうがた》に背《せ》がグングンのびているんだよ！

さくら

いや、それは夕日《ゆうひ》の角度《かくど》が……

しょう先生《せんせい》

（しー！　もう少《すこ》し夢《ゆめ》を見《み》させてあげよう……）

ふみお

ふふふ……このことを作文《さくぶん》に書《か》くぞ～！
タイトルは、「給食《きゅうしょく》の　おかげ」っと。

しょう先生《せんせい》　さくら

（だじゃれかい！）

## 世の中を見る目

子どもたちが「書く」ことの価値のなかで、「世の中をおもしろがる視点と感性を身につけること」も、また大切なことです。

それが身につけば「書くことがない」ということは自然となくなりますし、書いている内容のおもしろさが格段に上がります。大人っぽくいえば、「人生の密度が上がる」といった感じです。

ある子が作文で「昔の火おこしに木を使っていたのは、木は人よりも前からあったからだと思う」と書いたことがありました。木を使って火を起こすことをただの知識として流してしまえば、そんなすてきな仮説は出てこなかったでしょう。

「知っていること」ももちろんすばらしいですが、「知らない」からこそ、その子独自の考えが生まれるのもおもしろさの一つです。

子どもたちの持っている最大の強みは「これからたくさんの真新しいものに出合える」ということ。

私たち大人は、もう知ってしまっていますから、出合いの感動、不思議さを、まっさらな気持ちで感じることはできないかもしれません。そのぶん大人は、「それがどれだけすてきか」を味わうのが得意なはずです。

子どもたちが発見の勢いそのままに書いた作文を、事実関係や現実性は一度横に置いて味わってみましょう。私たち大人にとっても、新しい発見があるかもしれません。

## 14

# 「家族《かぞく》」のことを書《か》いてみよう

それぞれの家族《かぞく》に、それぞれの当《あ》たり前《まえ》がある。キミが感《かん》じる「家族《かぞく》」はどんなもの？

2年生《ねんせい》（女子《じょし》）の作文《さくぶん》

わたしには、妹《いもうと》がいます。でもたまに妹《いもうと》がいないほうがいいと思《おも》うときがあります。なぜかというと、妹《いもうと》はよく泣《な》くからです。たいしたことでもないのに…。

それでわたしはお母《かあ》さんにかんちがいされておこられます。なのでいつもイライラしています。でも妹《いもうと》がいない人《ひと》は、「いいなーわたしも妹《いもうと》がほしいなー。」といいます。妹《いもうと》がいる人《ひと》といない人《ひと》で思《おも》っていることがちがうのは、おもしろいなーと思《おも》いました。

## この作文《さくぶん》のすてきなところ

「きょうだい関係《かんけい》」について素直《すなお》に書《か》いた作文《さくぶん》。この子《こ》は「すてきなお姉《ねえ》さん」なのですが、上《うえ》の子《こ》ならではのモヤモヤも感《かん》じています。家族《かぞく》は大切《たいせつ》だけど、イライラモヤモヤする、こういう「間《あいだ》の気持《きも》ち」を言葉《ことば》にすることで、ちょっとだけすっきりすることがあります。この子《こ》も、作文《さくぶん》の終《お》わりに「人《ひと》とのちがい」をおもしろがるところまで考《かんが》えが行《い》ったので、「文句《もんく》」ではなく「発《はっ》見《けん》」の作文《さくぶん》になりました。いい心《こころ》、いい頭《あたま》の持《も》ち主《ぬし》は、こうやってものごとを発展《はってん》させていけるのですね。

## 家族《かぞく》に向《む》ける、自分《じぶん》だけの気持《きも》ち

キミにとって、家族《かぞく》ってどんなものかなあ。世《よ》の中《なか》にはいろいろな家族《かぞく》のカタチがあるから、キミが家族《かぞく》に対《たい》して向《む》ける気持《きも》ちは、他《ほか》の人《ひと》とはちがうかもしれない。キミの目《め》で観察《かんさつ》し、キミの心《こころ》でとらえた「家族《かぞく》」の姿《すがた》を作文《さくぶん》に書《か》くのは、「自分《じぶん》の家族《かぞく》ってこうなんだな」と改《あらた》めて思《おも》えてなかなかおもしろいですよ。

# 「家族《かぞく》」のことを書《か》いてみよう

キミの家族《かぞく》は、どんな家族《かぞく》？
どんな性格《せいかく》？　どんなことをいっしょにする？
ちょっと変《か》わった「うちだけの特徴《とくちょう》」って、ある？
家族《かぞく》の思《おも》い出《で》や、日々《ひび》の生活《せいかつ》をイメージしながら自由《じゆう》に書《か》いてみよう。

## わが子が家族の内情を書いたら

子どもたちの作文のなかでも、その子らしさが出やすいものの一つが「家族」のお話。保護者の方は「そんなの書かないで欲しい、恥ずかしい！」と半分笑い、半分本気でおっしゃることも多いのですが、この「さらけ出す感じ」がよいのです。

きょうだいへの不満は、いい題材です。特に上から下への不満。そこから彼らの心の内と、精神的な成長を観察することができます。ちょっと不思議な家族の「クセ」や、本来他の人に聞かせるつもりでない「家族間の会話」もいいですね。それはそのまま作文のユーモアになります。

家族の話題で「その子らしさ」が出やすいのは、「内側の感じを外に出す」という構造があるからです。ただ、これはいきなりできることでもない、というのが現場での実感です。家族の内側の話をあけっぴろげにするためには、「自分は認められている」「だから自分の家族も認められる」という心理的な安全性が確保されていなければなりません。自分の作文が否定されるかもしれないと恐怖する環境では、家族の内情は書けないのです。自分の家族がかかわることを他者に否定されるのは、誰にとっても嫌なことだからです。

よっぽど外に言うべきでないことは止めるとして、家族の内情をおもしろく書き始めたら、「この子はリラックスして書けているんだな、作文を書くことに抵抗や恥ずかしさがなくなっているんだな」と、安心して大丈夫です。

# 15 「食《た》べ物《もの》」のことを書《か》いてみよう

食《た》べ物《もの》の好《この》みは、人《ひと》それぞれ。書《か》くだけでキミらしくなる、魔法《まほう》のテーマなんだ。

1年生《ねんせい》（女子《じょし》）の作文《さくぶん》

おかあさんがりんごのコンポートをつくってくれました。たべてみると、したですべって、かむとあまいしるがでて「おいしい」とおどってしまいました。

## この作文《さくぶん》のすてきなところ

コンポートは、果物《くだもの》を甘《あま》くにたデザート。「したですべって」という表現《ひょうげん》が見事《みごと》ですね。とろっとやわらかくなったりんごに、甘《あま》いシロップがからんでいる感《かん》じがありありと表現《ひょうげん》できています。ただ「おいしかったです」と書《か》くだけでは伝《つた》わらない、食《た》べ物《もの》の様子《ようす》やこの子《こ》のうれしい気持《きも》ちがすべて詰《つ》まった名作《めいさく》です。

食事《しょくじ》のおぎょうぎよりも、おいしさが勝《まさ》った結果《けっか》、この子《こ》はついおどってしまったのですね。

## 食《た》べ物《もの》のテーマはとってもおすすめ！

「好《す》きなことならたくさん語《かた》れる」という人《ひと》は多《おお》いはず。おいしかったもの、初《はじ》めて食《た》べたもの、自分《じぶん》で作《つく》ってみたもの。そういう「食《た》べ物《もの》」の話《はなし》は、作文《さくぶん》のテーマとしておすすめです。書《か》いたものをだれかに読《よ》んでもらったときに、おもしろい反応《はんのう》が返《かえ》ってきやすいのもポイント。みんな好《この》みがちがうからこそ、話《はなし》が広《ひろ》がって、盛《も》り上《あ》がります。「きらいな食《た》べ物《もの》」の話《はなし》もいいですね。食《た》べ物《もの》に限《かぎ》らず、自分《じぶん》の「好《この》み」に胸《むね》を張《は》って、書《か》いてみよう。

# 「食《た》べ物《もの》」のことを書《か》いてみよう

好《す》きな食《た》べ物《もの》や、きらいな食《た》べ物《もの》。大切《たいせつ》な人《ひと》とあのとき食《た》べた、思《おも》い出《で》の食《た》べ物《もの》。自分《じぶん》だけが知《し》っている、こだわりの食《た》べ方《かた》もいいですね。「食《た》べ物《もの》」と聞《き》いて思《おも》いうかぶことを、自由《じゆう》に書《か》いてみよう。

## 他者に否定されない「好み」

教室で子どもたちが嬉々《きき》として書くテーマの一つが、「食べ物」です。親しみやすいテーマである理由はさまざまあるでしょう。そのなかでもあえてここで強調したいのは、それが「否定されようのない個人の感覚」だということです。

「なんで唐揚げが好きなの！　ダメでしょ！」と言われることは、そうそうないと思います。子どもたちにとって、「おいしく食べること」は、まず褒められることです。ほとんどの子どもは、成長過程で初めてごはんを食べたときに家族から祝福されますし、ごはんを作る親からすれば、嬉《うれ》しそうに食べる子どもの姿は何よりの報酬でしょう。多くの場合、食事は「ハッピー」なのです。

そういうわけで、子どもたちは「大好きな親から歓迎されていること」「愛を感じられるもの」として、他のテーマとは少し異なる勢いで食べ物のことを書くのです。

食事に限らず、人の好みとは、社会的な規範に著しく背かない限り、本来否定されるものではないはずです。それなのに否定されてしまえば、子どもたちは心に蓋をしてしまいます。好みを否定されるのは、自己を丸ごと否定されるのと同じです。

「なんでそんなに○○が好きなの。変だよ」と否定するか、「○○がすごく好きなんだね」と認めるかで、子どもの気持ちは変わります。いきいき自分の人生を満喫できる人になって欲しいと願うならば、その子の存在ごと認めることが、何より大切なのです。

# 16 「自分《じぶん》の性格《せいかく》」を書《か》いてみよう

キミって、どんな人《ひと》？
自分《じぶん》で言葉《ことば》にしてみたら、おもしろいかも。

2年生《ねんせい》（女子《じょし》）の作文《さくぶん》

先生《せんせい》とわたしは、ほぼまぎゃく。先生《せんせい》はいろいろきにしない。わたしは、いろいろきにする。先生《せんせい》は声《こえ》が大《おお》きい、わたしは小《ちい》さい。先生《せんせい》は、はなしかけて友《とも》だちになる、私《わたし》ははなしかけられて友《とも》だちになる。先《せん》生《せい》はあまいものが好《す》き、わたしは大《だい》きらい。先生《せんせい》はメガネをかけている、わたしはかけていない。これいがいにもちがうところがたくさんある。だからわたしは、このままのせいかくでいいんだなって思《おも》った。

## この作文《さくぶん》のすてきなところ

この子《こ》は、自分《じぶん》の性格《せいかく》について先生《せんせい》と比《くら》べながら、「このままのせいかくでいい」という答《こた》えを出《だ》しました。人《ひと》とちがうことで不安《ふあん》になることもあるかもしれませんが、そもそも人《ひと》はみんなちがって当《あ》たり前《まえ》。人《ひと》とちがう自分《じぶん》を知《し》って、それがいいんだと認《みと》めることは、自信《じしん》を持《も》つための第一歩《だいいっぽ》。この人《ひと》は一生《いっしょう》自分《じぶん》らしく生《い》きていけるだろうなと、そう思《おも》わせるほどのパワーがある作文《さくぶん》です。

## 自分《じぶん》のことを書《か》きながら、自分《じぶん》を知《し》っていく

キミは、どんな人《ひと》だろう。これは大人《おとな》になるなかで段々《だんだん》とわかっていくものですし、途中《とちゅう》で変《か》わっていくものでもありますが、いつだって自分《じぶん》の心《こころ》と向《む》き合《あ》うことは大切《たいせつ》です。ちなみに、この作文《さくぶん》の子《こ》は「比《くら》べて考《かんが》えること」で自信《じしん》を持《も》てたのだけど、数字《すうじ》の勝《か》ち負《ま》けを比《くら》べるのではなく、「自分《じぶん》はどうか」と考《かんが》える比《くら》べ方《かた》をしたのがポイントでした。他《ほか》の人《ひと》のおかげで自分《じぶん》を知《し》ることができたというだけで、他《ほか》の人《ひと》がどうであれ、キミが魅力的《みりょくてき》なのはまちがいありません。

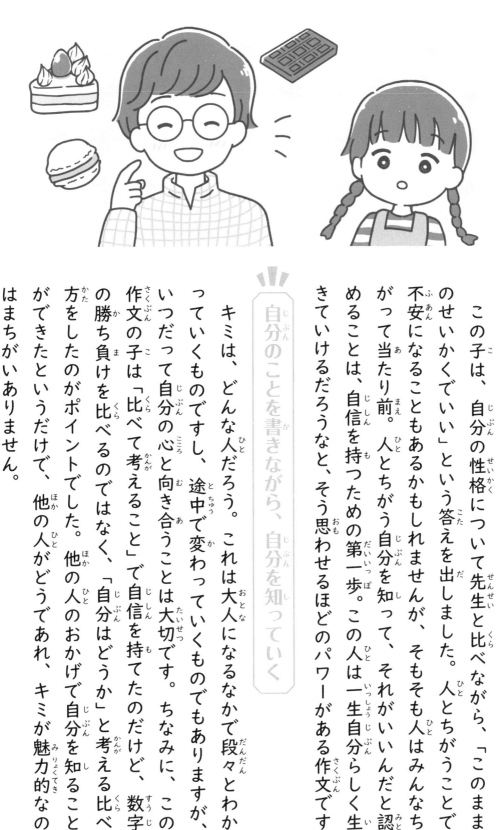

♡ワーク

# 自分《じぶん》の性格《せいかく》について考《かんが》えを書《か》いてみよう

自分《じぶん》はどんな人《ひと》なんだろう。どんなときに、どんな気持《きも》ちになるだろう。日《ひ》ごろの生活《せいかつ》や、今《いま》までのことを思《おも》い出《だ》しながら、自分《じぶん》の性格《せいかく》について答《こた》えてみましょう。

好《す》きな色《いろ》はどんな色《いろ》？　理由《りゆう》も教《おし》えてね。

新《あたら》しいことを始《はじ》めるとき、どんな気持《きも》ちになる？

「きれいだな」と思《おも》うものは何《なに》？

仲良《なかよ》しのお友《とも》だちを一人《ひとり》思《おも》いうかべてください。その子《こ》はどんな性格《せいかく》？

「自分《じぶん》の性格《せいかく》で好《す》きなところ」は、どんなところ？

## 比べるということ

「比較」というものをめぐっては、多くの場合、子どもの教育に良い影響を与えないといえます。「数値的な比較」で「勝っているか」「恵まれているか」を測るようなものは、まさに不幸の始まり。作文を書く意味が「自分の心を見つめる」ことだとして、「比較」はまさにその対局にあるもの。心の成長と距離をおくような概念です。

しかし、すべての「比較」が悪いわけではありません。今回の作文のように「自分を見つめる」ということができている場合、それは不健全な比較ではなく、「周りを見て自分で考える」という行為として輝きます。もっといえば、つまらぬ数値比較に対して「そういうことで自分を決めてもしょうがないよね」という価値観を、大人も子どもも持つことが真に大切でしょう。

親をはじめとする大人たちが、子どもを比較して褒めたり叱ったりしないこと。信頼する大人がただ自分を丸ごと認めてくれたという実感のある子には、自然と心の成長の機会が訪れます。

数値の「比較」は疲れます。子どもが生まれたとき、基準通りの数値でミルクを飲み、よくある子育て情報の通りに発達して平均通りの時期に言葉を話すようになる、そんなことを求めて気にしていたら、身が持たないでしょう。そういう不自然なことは抜きにして、感じたままに子どもと接する。作文も子育ても大切なことは同じです。

# 17 「実《じつ》は……」ということを書《か》いてみよう

人間《にんげん》だから、生《い》きていれば、「うそ」や「ごまかし」、「かくしごと」の一《ひと》つや二《ふた》つはあるもの。それが人《ひと》や自分《じぶん》を傷《きず》つけるものでなければ、書《か》いてみるのもおもしろいよ。

5年生《ねんせい》（女子《じょし》）の作文《さくぶん》

私《わたし》はよく下校《げこう》がおそくなります。きのうも、友《とも》だちの荷物《にもつ》を少《すこ》しでもかるくするために試行錯誤《しこうさくご》していておくれました。「私《わたし》は、学校《がっこう》の生《い》き物係《ものがかり》なので、えさやりでおくれました。」といいわけしました。（本当《ほんとう》のときもある。）

## この作文《さくぶん》のすてきなところ

この子《こ》は、ふだんの授業《じゅぎょう》でも「試行錯誤《しこうさくご》」が得意《とくい》な子《こ》。今回《こんかい》は、ちょっとしたうそをついていたみたい。でも人《ひと》を不幸《ふこう》にするうそではなさそうで、なんだか平和《へいわ》な感《かん》じがするよね。「友《とも》だちのためにおくれた」と言《い》わないのは、それで怒《おこ》られると友《とも》だちがかわいそうだからでしょう。「実《じつ》は……」ということをおもしろく書《か》きつつも、この子《こ》の優《やさ》しさや友情《ゆうじょう》がにじみ出《で》ている、すばらしい作文《さくぶん》です。

## ちょっとした「ないしょの話《はなし》」はおもしろい

ないしょ話《ばなし》、というものがあるよね。だれかがいやな気持《きも》ちになるようなないしょ話《ばなし》は絶対《ぜったい》にだめだけど、だれもがハッピーになれるようなないしょ話《ばなし》は、作文《さくぶん》のおもしろいテーマになります。「他《ほか》の人《ひと》の秘密《ひみつ》」は守《まも》ったほうがいいことが多《おお》いので、書《か》くならなるべく「自分《じぶん》の話《はなし》」にしよう。「実《じつ》は○○なんです」という話《はなし》には「本当《ほんとう》の自分《じぶん》の姿《すがた》」が入《はい》っていることが多《おお》いので、キミらしい作文《さくぶん》を書《か》くのにもってこいのテーマなのです。実《じつ》は。

## テーマ作文《さくぶん》

# 「実《じつ》は……」ということを、勇気《ゆうき》を出《だ》して書《か》いてみよう

「今《いま》まで言《い》わなかったけれど、実《じつ》は○○と思《おも》っているんです。」
「今《いま》までないしょにしていたけれど、あのとき本当《ほんとう》は○○だったんです。」そういうことを自《じ》由《ゆう》に書《か》いて、本当《ほんとう》の自分《じぶん》をさらけ出《だ》してみよう。ちょっと怒《おこ》られそうなことでもいいよ。

**おうちのかたへ**

ここに書くことについて、ぜひ頭ごなしに怒らず、よく素直に書けたと認めてください。人として教えなければならないことがどうしてもあれば、それは認めきったあとに。

## 本音が出せる関係と環境

子どもたちの本音がついポロッと出るのも、自由作文のおもしろさです。ここで意識したいのは、「プレッシャーのかかる関係においてはそういった作文は出てこない」ということ。「作文が好きで書きたくてたまらない！」という子たちは、みんな「大人からの評価への恐怖」という壁を越えた子か、心理的安全が確保された環境に身を置けている子のどちらかです。

ですから、「どうもこの子は殻を破っていないぞ……？」と直感的に思ったら、子どもの心に「ちゃんとしなきゃいけないんだ」という概念が棘《とげ》のように刺さっていないか、注意深く見てみるのがいいでしょう。しつけは大切な家庭の役割ですが、作文や芸術の領域においては、「ちゃんと」という概念が悪さをすることのほうがほとんどなのです。

さて、豊かな関係と環境のなかでありのままの作文が出てくるのも事実ですが、作文を通じたやり取りのなかで関係がより豊かになるというのもまた一つの事実です。子どもにとって、自分が生み出した作品というのは愛おしいものです。それが認められるということは、すなわち自分の存在自体が肯定されるのとほとんど同じ。大人が作文をどのように受け取るか。それによって、その子が次の作文をどのような気持ちで書くのかが、変わってきます。

やる気を出して書きなさい、できれば主体的にやりなさい、ではないのです。なんだか書くたびにいいことが起こるから、子どもは書くのです。

# 18 人生《じんせい》を語《かた》ってみよう

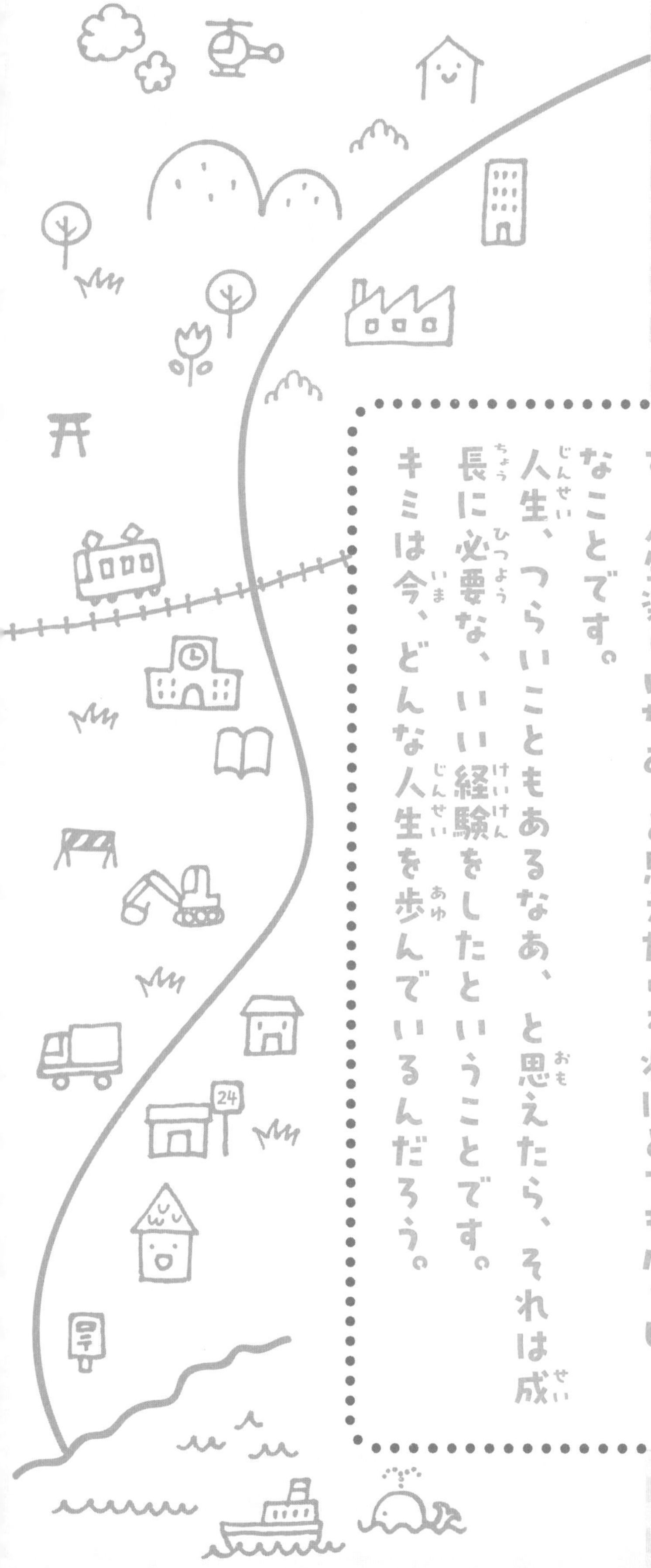

子《こ》どもも大人《おとな》も、みんなそれぞれの人生《じんせい》を歩《あゆ》んでいます。人生楽《じんせいたの》しいなあ、と思《おも》えたらそれはとてもハッピーなことです。

人生《じんせい》、つらいこともあるなあ、と思《おも》えたら、それは成《せい》長《ちょう》に必要《ひつよう》な、いい経験《けいけん》をしたということです。

キミは今《いま》、どんな人生《じんせい》を歩《あゆ》んでいるんだろう。

5年生《ねんせい》(女子《じょし》)の作文《さくぶん》

学校《がっこう》からの帰《かえ》り道《みち》や、習《なら》い事《ごと》への行《い》きや帰《かえ》りなど、さまざまな場所《ばしょ》でその出来事《できごと》はおきる。その出来事《できごと》というのは、「見間違《みまちが》い」である。ある日《ひ》、私《わたし》は学校《がっこう》から帰《かえ》り、弟《おとうと》と公園《こうえん》へ行《い》くことにした。いつもどおり仲良《なかよ》く公園《こうえん》に向《む》かっていると、色《いろ》がふつうと違《ちが》う葉《は》っぱを見《み》つけた。私《わたし》はその葉《は》っぱに目《め》をうばわれ、近《ちか》くで観察《かんさつ》しようとした。すると、葉《は》っぱが動《うご》き出《だ》し、よく見《み》ると足《あし》が6本《ぼん》はえていることが分《わ》かった。私《わたし》はとてもびっくりしてはね上《あ》がってしまった。なんだかめずらしいと思《おも》い、写真《しゃしん》をとってその場《ば》を去《さ》った。

そして、ある日《ひ》、反対通路《はんたいつうろ》でハトがはねをひろげておどっているところを見《み》た。めずらしいと思《おも》い近《ちか》くによるとただの灰色《はいいろ》のゴミぶくろだった。「なあんだ」と思《おも》ったがなぜかそのふくろは特別《とくべつ》な感《かん》じがした。私《わたし》はなぞに一人《ひとり》の楽《たの》しい時間《じかん》を過《す》ごしている。でも、そんなことで楽《たの》しんでいるということは、人生《じんせい》がとても楽《たの》しいんだなと感《かん》じた。

## この作文《さくぶん》のすてきなところ

日常《にちじょう》の「見《み》まちがい」について、楽《たの》しく読《よ》めるような雰囲気《ふんいき》で書《か》き上《あ》げた見事《みごと》な作文《さくぶん》。この見《み》まちがいは、自分《じぶん》だけが感《かん》じていること。そこからこの子《こ》は自分《じぶん》の内面《ないめん》を見《み》つめて、人生《じんせい》について語《かた》ることができたのですね。そしてその自分《じぶん》だけの感覚《かんかく》を、他《ほか》の人《ひと》が読《よ》める作文《さくぶん》にすることで、人生《じんせい》の楽《たの》しみ方《かた》を他《ほか》の人《ひと》に共有《きょうゆう》している。目《め》の前《まえ》のことをなんでも楽《たの》しめるような、魅力的《みりょくてき》な人《ひと》だなあというのがこの作文一《さくぶんひと》つから伝《つた》わってきます。

## 日常《にちじょう》の積《つ》み重《かさ》ねが、人生《じんせい》

「人生《じんせい》」というと、ちょっと大《おお》げさな話《はなし》だと感《かん》じるかもしれません。もしかしたら、大人《おとな》になってから、いやもっと先《さき》のおじいさんおばあさんになってから語《かた》るものだというイメージの人《ひと》もいるかもしれないね。でも、毎日《まいにち》の日常《にちじょう》こそが「人生《じんせい》」。子《こ》どもにとっても、実《じつ》は身近《みぢか》な言葉《ことば》なのです。今《いま》の自分《じぶん》の暮《く》らしを見《み》つめて作文《さくぶん》に書《か》くことは、自分《じぶん》の人生《じんせい》をかたちづくっていくこと。日記《にっき》を書《か》く意味《いみ》も、これですね。

## 哲学の始まり

高学年、特に5年生以降は、言語による高度な思考がどんどんできるようになっていきます。それによって起こるのは、ある体験をさらっと流してしまうのではなく、「つまり」「要は」と一般化しながら語れるようになるということです。

今回の作文の例でも、「つまり私の人生は」という発想で結んでいます。他にも「人間とはきっと……」「社会とはきっと……」「他者はこうだけど私は……」という切り口が明らかに増えてきます。これが出始めたら、もう思春期にしっかり入ったんだなと思って大人は心の準備をするのがおすすめ。今までの幼児扱いから一気に大人っぽい扱いにチェンジするべき時期が来たということです。

この時期から、「うわっつらの道徳」ではなく「よりリアルなもの」を求めるようになるので、作文に対してのコメントも明確に変えましょう。

「確かにそれって理不尽だよね」と共感するのもいいでしょうし、「私も実は子ども時代にやっちゃったことがあって……」と、しくじった経験やちょっとワルな経験を漏らすのもいいでしょう。リアルな恋バナもいいですね。

悩みや怒り、人生観や他者との違い、不安、葛藤。そういうものを子どもが表現したとき、私は「それは哲学の始まりだね」と伝えています。作文を通じて、その子の人生を豊かにする土台が作れるのが、高学年期に作文を書くことの大きな価値です。

# 楽《たの》しく書《か》く

この章《しょう》では「楽《たの》しく書《か》く」ということを学《まな》びました。
今《いま》までの内容《ないよう》のおさらいみたいだったよね。

豊《ゆた》かな感性《かんせい》で世界《せかい》を見《み》て、
キミだけの感《かん》じ方《かた》で、キミだけの言葉《ことば》を書《か》く。
大事《だいじ》なことは同《おな》じでした。

「楽《たの》しく書《か》く」の最高《さいこう》レベルは、
「のめりこんで、夢中《むちゅう》で書《か》く」ということです。

書《か》けば書《か》くほど、作文《さくぶん》は楽《たの》しくなってきます。
考《かんが》えれば考《かんが》えるほど、世界《せかい》はおもしろく見《み》えてきます。

キミたちが、自分《じぶん》の人生《じんせい》に夢中《むちゅう》になって、
幸《しあわ》せに生《い》きていけますように。

# 付《ふ》録《ろく》

# 読書感想文《どくしょかんそうぶん》で困《こま》っているキミへ

# 読書感想文《どくしょかんそうぶん》

# 親子《おやこ》で読《よ》む、5つの心《こころ》がまえ

## ① 本《ほん》を味《あじ》わって読《よ》みながら、自分《じぶん》の心《こころ》と向《む》き合《あ》おう

読書感想文《どくしょかんそうぶん》に書《か》くのは、「キミがどんな自分《じぶん》の気持《きも》ちに出合《であ》ったか」ということです。読書《どくしょ》をしたからこそ気《き》づいたこと、思《おも》ったこと、考《かんが》えたこと。そういうものを大切《たいせつ》にしましょう。だからこそ、本《ほん》を雑《ざつ》に読《よ》まないこと。「早《はや》く終《お》わらせたいから、テキトーに読《よ》み終《お》えちゃお！」と思《おも》って読《よ》んでしまったら、自分《じぶん》の心《こころ》に残《のこ》ったものがなくて、結局何《けっきょくなに》も書《か》けないのです。本《ほん》を味《あじ》わうところから、読書感想文《どくしょかんそうぶん》は始《はじ》まっています。

## ② 「あとで感想《かんそう》を書《か》かなきゃいけない」と思《おも》って本《ほん》を読《よ》まなくていい

感想文《かんそうぶん》のことを考《かんが》えすぎて、せっかくの読書《どくしょ》が楽《たの》しくなくなってしまっては、もったいないですよね。気持《きも》ちはわかりますけどね。感想文《かんそうぶん》に書《か》くのは「キミの気持《きも》ち」だから、キミが読書《どくしょ》を楽《たの》しめることがまず一番大切《いちばんたいせつ》です。読《よ》んだあと、自然《しぜん》に心《こころ》に残《のこ》っているものを書《か》けばいいのです。リラックスして、本《ほん》の世界《せかい》を楽《たの》しんでください。

## ③ 本《ほん》の内容《ないよう》を全部《ぜんぶ》説明《せつめい》しようと思《おも》わなくていい

よくあるのが、書《か》き終《お》わったあとに「これじゃあまるで本《ほん》のしょうかい文《ぶん》だよ～」となるパターン。本《ほん》の内容《ないよう》の説明《せつめい》ばかりを書《か》くと、そうなってしまうね。**読書感想文《どくしょかんそうぶん》では、キミの気持《きも》ちが主役《しゅやく》。**必要《ひつよう》なところだけ、あらすじや内容《ないよう》を書《か》けばいいんだよ。

## ④ 「書《か》き終《お》わることが目的《もくてき》」と思《おも》わないようにしよう

ある程度《ていど》長《なが》く書《か》かなければいけないから、ここまでやってきた自由作文《じゆうさくぶん》と少《すこ》しルールがちがうよね。でも、目的《もくてき》はいっしょ。**キミが自分《じぶん》の心《こころ》と向《む》き合《あ》って、すてきな人《ひと》になっていくために書《か》くものです。**

## ⑤ 時間《じかん》はかかるもの。乗《の》りこえたら気持《きも》ちいいよ

読書感想文《どくしょかんそうぶん》は、すぐに完成《かんせい》するものではありません。だから、あらかじめ計画《けいかく》を立《た》てておくことはとても大切《たいせつ》だね。**時間《じかん》がかかるのは悪《わる》いことではありません。**じっくりと本《ほん》や気持《きも》ちに向《む》き合《あ》うことは、いいことです。ここまで自由作文《じゆうさくぶん》について学《まな》んだキミなら、きっとすてきな読書感想文《どくしょかんそうぶん》が書《か》けるよ。

# 読書感想文《どくしょかんそうぶん》 心《こころ》の整理《せいり》シート①

読書感想文《どくしょかんそうぶん》の書《か》き方《かた》はいろいろ。自由《じゆう》です。だから、「これをこうやってつなげて書《か》こう」というアドバイスはあえてしません。せっかく自由《じゆう》なのに、おもしろくなくなっちゃうからね。

ここでは、キミがイメージをふくらませることができるような心《こころ》の整理《せいり》シートを用意《ようい》しました。これをうまく使《つか》いながら、今《いま》まで学《まな》んだ自由作文《じゆうさくぶん》のように、自分《じぶん》らしく読書感想文《どくしょかんそうぶん》を書《か》いてみよう。

読《よ》んだ本《ほん》のタイトル

書《か》いた人《ひと》の名前《なまえ》

この本《ほん》を選《えら》んだ理由《りゆう》はなんですか？

この本《ほん》を読《よ》んで、まずひと言《こと》。どんな気持《きも》ちになりましたか？

な気持《きも》ちになった。

どんな内容《ないよう》の本《ほん》でしたか？　なるべく簡単《かんたん》に説明《せつめい》してみましょう。

家族《かぞく》や友《とも》だちにこの本《ほん》をすすめるなら、なんと言《い》ってすすめますか。

# 読書感想文《どくしょかんそうぶん》 心《こころ》の整理《せいり》シート②

心《こころ》に残《のこ》った場面《ばめん》はありますか？（全部《ぜんぶ》のらんをうめる必要《ひつよう》はありません）

| | |
|---|---|
| いいなと思《おも》った場面《ばめん》 | 不思議《ふしぎ》に思《おも》った場面《ばめん》 |
| いやだなと思《おも》った場面《ばめん》 | 他《ほか》の理由《りゆう》で心《こころ》に残《のこ》った場面《ばめん》 |

このなかから場面《ばめん》を一《ひと》つ選《えら》んで、なぜキミの心《こころ》に残《のこ》ったのか考《かんが》えてみましょう。
自分《じぶん》にも似《に》た経験《けいけん》があった？　同《おな》じような場面《ばめん》を見《み》たことがある？
登場人物《とうじょうじんぶつ》は、自分《じぶん》と同《おな》じような人《ひと》？　それともまったくちがう人《ひと》？

「自分《じぶん》の性格《せいかく》」や「自分《じぶん》の経験《けいけん》」について考《かんが》えながら語《かた》るのがおすすめです。

自分《じぶん》の性格《せいかく》や経験《けいけん》とつなげて、なぜその場面《ばめん》が心《こころ》に残《のこ》ったのか考《かんが》えよう。

ここまで考《かんが》えられたら、あとは心《こころ》を決《き》めるだけ。キミは、どう書《か》く？

「どんな場面《ばめん》を中心《ちゅうしん》に、どんな自分《じぶん》の心《こころ》を書《か》きたいか」がイメージできたら、勇気《ゆうき》を出《だ》してもう書《か》き始《はじ》めちゃおう。そう、本当《ほんとう》は別《べつ》に『見通《みとお》し』がなくてもいい」んだったよね。ここに書《か》いたこととまったくちがうことを書《か》いたっていい。なんだか自由《じゆう》に思《おも》えてきたでしょ。

実《じつ》は、「ちょっと長《なが》いな」「難《むずか》しそうだな」「大変《たいへん》そうだな」と思《おも》う心《こころ》こそが、読書感想文《どくしょかんそうぶん》が進《すす》まない一番《いちばん》の原因《げんいん》なんです。「やり方《かた》」の問題《もんだい》ではなく、「心《こころ》」の問題《もんだい》。

「心《こころ》の整理《せいり》」はもうできたかな？　よし、書《か》くぞ～！

# おわりに

花まる学習会代表　高濱　正伸

最近の私の講演会の不動のテーマの一つが「大人が自分を見失っている」ということです。早い子は小学生時代から、遅くとも中学生になると全員が、点数・成績・偏差値・ランキング・ブランド・年収など、数値化できる「評価基準」を示され、そのどのランクを手に入れるかという競争社会に巻き込まれている。そして、与えられる課題を「ちゃんと」「まじめに」こなして褒められて育つのですが、大人になって幸せを感じられない。または、自分が幸せかどうかに自信がない。ここでないどこかにもっと「自分に合う居場所」があるのではと考え、転職を願い、今ある状況を満喫できない。本当は、呼吸して歩けて、風を感じ木漏れ日を見上げられるだけで十分に幸せなはずなのに、その感覚を肯定しきれない。

そこで見失われたものは「自分で決める」ということなのですが、そのためには「自分の心を正しく観《み》る」ということができなければなりません。心を正しく観るとは、本当に感じていることを心の目で捉えきるということで、他の誰でもない本人にしかできないことです。

たとえば、商品の値段がいくらだろうが自分には価値は感じられなければそう判断できる。たとえば、子どものそばに居られるだけで最高に幸せだと感じているならば、そういう人間なんだなと自己を理解できる。

つまり、「価格など外の評価」ではなく「自分の心の基準」で価値づけられることです。幼児期なら全員ができたことなのに大きくなるにつれて見失ったもの。どうすれば取り戻せるでしょうか。

私の答えは「作文や日記を書こう」。「誰かに褒められよう（他人の評価軸に合わせよう）とする作品」ではなく、それがはたから見て立派でなかろうが醜かろうがありのままに書く。嫉妬している自分を見つけたらそのままに、弱い自分を見つけたらそのままに、暴力的な気持ちになったらそのままに……。人目を気にせず他人と比較せず心に感じることを正しく観て言葉にして捉えていく。その積み重ねにこそ、自分らしく生きられる道がある。

これは私の信念であり、だからこそ花まる学習会という私塾を設立して以来30年以上にわたって「作文指導」を柱の一つとして掲げ実践してきたのです。

この本の著者・坂田翔さんは、このテーマについて、新時代の教育に作文指導はかくあるべしということを、平易なわかりやすい自分の言葉で、しかし見失ってはいけない本質に命中する形で作品として仕上げてくれました。

題材となっている子どもたちの作文も、彼の教室の実際の作品を扱っているので説得力があるし、何よりもその一作一作へのコメントが「そういう見方、感じ方をすればよいのか」というオリジナリティと鋭さに満ちている。しかし同時にどこまでも温かく深い愛を感じる。自分の部下ながら、正直「新時代の旗手の登場だな、これからの教育は君に任せたよ」と言いたくなる読後感でした。

この一冊を読み終えたあと、保護者の皆様が「長い作文や立派な作文を期待し評価する目」から解放されて、純粋に「あー、早くわが子の作文を読みたいな、味わいたいな」という気持ちになってくだされば一番嬉しいです。

保護者の意識改革により、作文がおもしろくて仕方ないという子が増え、結果として自由を楽しみ自分らしく生きていける大人が一人でも増えますように。

**著者／坂田　翔（さかた　しょう）**
花まる学習会広報部部長。株式会社エドギフト取締役。東京学芸大学教育学部初等教育教員養成学科国語選修 卒業、同大学院教育学研究科国語教育専攻 中退。小学校教員、高校教員（国語科）、プロ家庭教師経験のほか、教育系ベンチャー企業の立ち上げに参画したのち、花まるグループに入社。広報部長を務めながら、幼児から小学6年生までの子どもたちを毎週の教室で指導。頭と心が躍動する授業で、子どもたちを伸ばし続けている。

**監修者／高濱正伸（たかはま　まさのぶ）**
1959年熊本県人吉市生まれ。県立熊本高校を卒業後、東京大学へ入学。東京大学農学部卒、同大学院農学系研究科修士課程修了。花まる学習会代表。NPO法人子育て応援隊むぎぐみ理事長。算数オリンピック作問委員。日本棋院理事。環太平洋大学客員教授。武蔵野美術大学客員教授。1993年、「この国は自立できない大人を量産している」という問題意識から、「メシが食える大人に育てる」という理念のもと、「作文」「読書」「思考力」「野外体験」を主軸にすえた学習塾「花まる学習会」を設立。1995年には、小学4年生から中学3年生を対象とした進学塾「スクールFC」を設立。

装丁／西垂水敦（krran）
カバー・本文イラスト／まりな
本文デザイン・DTP／草水美鶴

**花まる学習会**
**「書けない」から卒業する作文の授業**

2024年7月5日　初版第1刷発行

著　者　坂田　翔
監修者　高濱正伸
発行者　淺井　亨
発行所　株式会社 実務教育出版
〒163-8671　東京都新宿区新宿1-1-12
電話　03-3355-1812（編集）　03-3355-1951（販売）
振替　00160-0-78270

印刷／壮光舎印刷　　製本／東京美術紙工


ISBN978-4-7889-0939-7　C6081　Printed in Japan